大是文化

還在工作的樂趣——我102歲

金氏世界紀錄認證
全世界最高齡的女性美容顧問
堀野智子——著
蔡惠佳——譯

凡事不比較、守口如瓶、
製造小確幸，讓自己永遠被需要！
我做了61年業務，在困境中也能發現幸福。

101歳、現役の化粧品販売員
トモコさんの一生楽しく働く教え

目錄

第2章

發現我的天職

第3章

由衷感謝自己還能工作

第 4 章

推薦序一

專注當下的生活哲學

正面能量創作者／Tings 聽思

「不多想昨天和明天的事，只要想著今天平安度過一天就好。」

在這本《還在工作的樂趣——我一〇二歲》中，已屆百歲高齡的堀野智子女士，用每日的行動，具體詮釋了何謂「專注當下」的工作與生活哲學。

這位從戰後一路走來的女性，經歷過物資匱乏的年代。曾為了籌措一家人的糧食，與祖母背著米和馬鈴薯，徒步數十公里返家。儘管走過艱難歲月，她並未因這些經歷而留下對生活的苦澀，反而從中鍛鍊出強韌而穩定的生活節奏，以及溫和、堅定的態度。

書中提到，她現在每天早上六點半起床，晚上十一點準時就寢，三餐時間固定，白飯的分量也精準控制在一五〇公克。即使年過百歲，她仍堅持每個月親自搭公車前往七公里外的營業處，參加化妝品研習課。她還會在睡前於口鼻蓋上紗布，以避免細菌入侵、保護喉嚨；洗澡時間也大約在十八分鐘左右，只為了讓身體保持在最佳狀態。

這些看似瑣碎的日常，卻正是支撐她長年穩定工作與快樂生活的基礎。對我們來說，身處在資訊爆炸、社群競爭壓力龐大的時代，焦慮幾乎已成了日常。我們總是擔心未來是否能如預期發展，也常後悔過去錯失的機會與未完成的計畫。在這樣的內外拉扯中，似乎越來越難感受到「正在前進」的踏實感。

直到讀到這本書，我才從她的故事裡，重新感受到一股安穩且平靜的力量。她習慣每天安排好行程再一一實踐，並不是為了追求效率或生產力，而是因為完成今天能做的事，就會感受到生命的分量。

她也是資深的化妝品銷售員，累積的顧客資料超過六十年。銷售對她而言，不只是工作，更是連結人與人的方式之一。這讓我重新思考工作的意義，過去我總覺得，工作是壓力的來源，是衡量價值的工具。但在她身上，工作卻是延續熱情的方式，是保持生活節奏的儀式。

不是為了證明什麼，而是為了延續對生活的熱情。

這不是一本教你如何在老年創造巔峰的勵志故事，而是練習和生活溫柔共處的筆記，每一則故事都像是她在人生的不同階段，靜靜寫下的備忘錄。

如果你也正經歷工作與生活的交界困境，或迷惘於「如何才能不焦慮的活著」，那麼本書或許會給你意想不到的提醒：**不要急著解決未來，先照顧好今天的自己**。

不是因為步伐快，才值得被看見，而是你願意走在自己的節奏裡，才讓這條路有了意義。

推薦序二

職涯無年限，熱愛無止境

四季職涯發展學院執行長、GCDF全球職涯發展師／李宜芳

你想在幾歲退休？我希望能工作到八十三歲！

對我來說，工作不只是謀生手段，更是自我實現與持續成長的重要途徑。本書的主角堀野智子女士，就是我的精神典範。她的百年人生中，曾從事多種工作與副業，包括電話局接線生、古琴教師、人壽保險業務員等，以及職涯超過六十年的化妝品銷售員。儘管現今已一〇二歲，仍搭公車前往七公里外的營業處，參加產品研習會和讀書會。她不僅樂在其中，還獲得金氏世界紀錄「全世界最高齡的女性美容顧問」的肯定。

職涯成就，不在於做多大，而在於做多久、多樂在其中。智子熱愛工作的祕

訣，在於對自我的高度認識與真誠熱情。她清楚知道自己喜歡與人交流、喜歡美的事物，因此總是主動尋找機會，將興趣轉化為職業。她身處的環境並不理想，卻總能走出適合自己的道路。在育兒資源缺乏的年代，她曾因孩子年幼而暫緩工作；但當她得知朋友的先生即將開設化妝品營業處時，立刻毛遂自薦加入。

她從初入職場、主動學習化妝品知識、到養成習慣每日早起、勤於拜訪顧客，智子發揮了六十年如一日的敬業精神，從不空談理想，而是踏實耕耘。「不與他人比較，只與昨日的自己較勁」，是她能不斷進化、永不倦怠的關鍵。

工作對她而言，從來不是負擔，而是生活的藝術。她觀察到縣營住宅區的主婦難以購買化妝品，於是主動走入偏遠社區，開拓市場，真正**落實了「看見需要、創造價值」的職涯精神**。她樂於面對每一位顧客，把銷售視為服務與連結，更將生活的點滴轉化為助人與自我實現的資源。她不為業績壓力所苦，因為喜歡和人說話，而越講越有精神。這樣的觀點，讓我們重新思考工作的本質：是內在動力的延伸，而不單只是承擔外在義務。

智子的丈夫來自傳統家庭，曾對她說：「妳要當銷售員，我不反對，但不要去我認識的人那裡推銷。」當丈夫退休後，希望智子能陪他，要求她辭去營業處處長一職。怎麼做到尊重伴侶的價值觀，同時又能保有自己的工作可能性？她在處理家庭與職場之間的平衡中，也展現了令人敬佩的心理韌性商數（Resilience Quotient，簡稱RQ）與智慧。

如果你正處在職涯迷惘期，或是在家庭與工作之間尋求平衡與出口，那麼我誠摯邀請你翻開這本書，認識這位用百歲人生詮釋職涯意義的女性。她就像是一位智慧導師，用自身的故事提醒我們：無論幾歲，都可以做自己喜歡的事並樂在其中。祝福讀者們在閱讀後，也能找到屬於自己人生旅程的信心、方向與樂趣。

前言
我一〇二歲，還在工作的樂趣

我出生於一九二三年（大正十二年）四月九日，在二〇二三年迎接了百歲，並在同年的八月，獲得金氏世界紀錄認證為「最高齡的女性美容顧問」。也因此，報章雜誌、電視等媒體的採訪數量增加了，也讓更多人記住我的長相與名字。

接受採訪時，有很多記者親切的問我：「您很忙吧？會不會累呢？」請各位不必擔心。

就如同我前面提到的，我生來就很喜歡和人講話，不論是每天的銷售還是接受採訪時，其實我越說話越有精神，這樣的氣勢偶爾還會嚇到人。

這一次出版社找我出書，是希望我能談談自己活到一〇二歲（二〇二五年），還能以銷售員的身分持續工作的祕訣。

實際上，我一開始收到出書的邀約，有點不知道該如何是好。

因為有緣，我在「ＰＯＬＡ化妝品本舖」（現在的ＰＯＬＡ），擔任化妝品銷售員已經超過六十一年。至今為止，我只是一步一步走過來，一路上珍惜每一天的生活，自認為沒有什麼祕訣或訣竅。一開始也沒有訂下「我要一直工作到一百歲為止」等類似的目標。

只是開心的一直工作，不知不覺就活到了這把年紀……我的感覺大概是這樣。**我從未覺得「工作很痛苦」、「辛苦得受不了」，很大的原因或許是我本來就十分樂觀。**

回想起一路走來的人生，經歷了母親、丈夫等親人離世，我和大家一樣都有難過的回憶，但要是問我有沒有什麼特別煩惱、傷心的事，我想恐怕是沒有。

失去家人時當然很悲傷，但是一想到自己還好好的活在世上，光是這一點，對於逝去的人來說就是最大的奉獻，沒什麼好依依不捨的。

當我告訴編輯這些事後，他回我：「請您一定要跟我們談談這件事。因為智子女士擁有樂觀的想法，才能持續快樂的工作，這樣的觀念想必能啟發很多讀者。」

原來如此，只要說說我開心生活、持續工作的故事就好了，我才終於放下心中的大石頭。

樂觀就是我的優點，如果我的故事能讓大家更快樂的話，那麼告訴各位我能持續幸福工作到這個年紀的歷程，就是我的使命。

生命有限，我希望能一邊珍惜現有的客人，一邊持續做最喜歡的工作。

第 1 章

我的對手只有我自己

1

先生很支持，但他要我別找熟人推銷

你現在是否做著自己真正想做的工作？

我至今還在工作（今年一〇二歲），在從六十年以前就很喜歡的化妝品品牌POLA，擔任銷售業務。

直到現在，我還是會參加新產品的研習和讀書會。這些時候，我會從家裡搭公車，到距離七公里外的營業處。

自從我第一次用POLA化妝品，當下就想：「我可以做什麼工作，讓更多人知道這麼好用的東西。」

話雖如此，當時我的第三個小孩還在讀國小，那時不像現在，托育系統這麼完善，社會環境也無法讓有兒女的婦女們安心工作。當時孩子們年紀還小，我雖然認為：「暫時應該還無法工作。」但也沒有完全放棄。

所以，過了幾年後，有次外出時巧遇朋友，聽到她先生正準備開設POLA的營業處，就覺得這有如命運的安排：「機會總算降臨了！」

即使受限，也想挑戰

我當下立刻拜託朋友：「我從以前就很想做銷售員，請讓我加入！」朋友也直接邀請我：「現在要不要跟我一起去營業處看看？」於是我就跟她一同前往，並且藉此和朋友的先生，也就是店長更進一步的洽談。

當天回家時，我拿到了印有POLA化妝品品牌標誌的包包，裡面塞滿了基本款的保養品，以及很多銷售時要給客人的收據。

POLA化妝品銷售員，是我一直很想做的工作，所以這次的機會讓我開心得不得了，當時也絲毫不在意提包有多重。

那天晚上，我對著剛下班回家的先生宣布：「我今後要當POLA化妝品的銷售員！」結果我先生卻告誡我：「妳要外出當銷售員，我不反對，但不要去我認識的人那裡推銷！」

我先生出生在大正年代（按：一九一二年至一九二六年），正是所謂的「老古板」，但對於身為妻子的我要出門工作，他沒有批評「妳這樣讓我很丟臉」或是「不准去」，已讓我非常慶幸。

由於先生出生在比較富裕的家庭，個性很大方、經常請部屬吃飯。後面我會更詳細說明，儘管他收入高，不過硬要說的話，卻沒有多到能提供滿足家庭生活所需的費用，所以我只能選擇出門工作。因為如此，他也沒有道理說出「妳不准去工作」的話。

我持續工作賺錢、貼補家中的生活費。如此一來，對我先生也有好處，因為他能更有餘裕的用他的零用錢。除此之外，以出生在大正時代的男人來說，能允許妻子外出工作，我心存感恩。

工作讓我更有自信

因為他是在備受寵愛的環境下長大，有時候也令人很困擾，雖然他是「那個老古板年代的男性」，但還是很落落大方、不拘小節，這或許也是因為他在成長期間受到很多寵愛，才會造就這樣的優點。

另外，我的先生個子很高，如果以現在的形容詞來說，算是「清爽優雅」的類型，他的長相也還不錯。我想，他可能對自己的長相也頗有自信，再加上因為工作上的往來，使他有機會出入那些有打扮華麗的女性的場所。所以，他經常會對我說「要打扮得漂亮一點」、「要保持乾淨整潔的樣子」。

甚至在我還沒使用ＰＯＬＡ化妝品時，他還對我沒完沒了的說教：「女性也是要注意儀容的，知道嗎？」所以，我會開始使用ＰＯＬＡ化妝品、努力保養皮膚，都是受到我先生的影響。

2 身為銷售員的第一天，我這樣度過

跑業務的第一天，先生就說：「不要去我認識的人那裡推銷。」那麼，我該去哪裡才好？真是傷腦筋。

我認識的人，也幾乎都是我先生的朋友。既然這條路被切斷，那麼選項只剩下從沒去過、不熟悉的地方。這時，我下定決定，乾脆去離家很遠的地區試試。

我的目標是縣營住宅區，因為那裡聚集了很多目標顧客，也就是太太們。而且當時，比較年輕的世代還沒擁有透天厝前，大都選擇住在這些住宅區。另外一個原因，就是當時的縣營住宅都蓋在離市區相當偏僻的地方，我認為那附近應該沒有店家賣化妝品。

於是，我像是靠著某種直覺，開始拜訪縣營住宅區。像這樣，先選擇可以順利銷售的場所，正是作為推銷員最重要的基本功。

「搭上熱潮」也很重要

在昭和三十一年（按：一九五六年）的《日本經濟白皮書》中，提到一句經典的名言：「現在已經不是戰後了。」昭和三十年代的日本，戲劇性的達成經濟復甦後，整個國家開始變得富裕起來。

我是在昭和三十七年（按：一九六二年）開始成為POLA化妝品銷售員，當時正是日本高度經濟成長的時期。而且那時的日本有非常多年輕人，因為有能工作的地方，就業人口、消費者也很多，薪資也越來越高。

那時市面上也剛好推出電鍋、洗衣機、冰箱等「白色家電」，開始播放彩色電視的節目。換句話說，當時的年代出現了許多便利的商品，大幅減輕了家庭主婦的家事負擔。

在過去有一餐沒一餐的生活裡，飲食是最重要的，確保安心居住的地方也是很要緊的問題。在無法預料今天或是明天的生活狀況之下，美容或化妝打扮會被排在第二、第三順位，都是理所當然的。

但是一旦生活變得更寬裕後，女性們的心中自然會再次燃起「想要更時尚」、「想變得更漂亮」的想法。

這只能說是受惠於時代，但為了讓產品銷售得更好，我認為關鍵不只是選擇銷售場所，搭上「熱潮」也相當重要。

在這樣的年代，能做化妝品銷售員的工作，我認為十分適合。

結果正如我的想像，住在縣營住宅區的太太們，都對化妝品展現極大的興趣。從我第一天在這裡推銷化妝品開始就佳評如潮，像是「在家就能買到化妝品，真是方便」、「妳來得正好，我剛好有想買的化妝品」等。

銷售就是解決客人抱持的煩惱

果然，大部分的人都想買化妝品，但是必須得出遠門才買得到，所以幾乎沒有人在保養肌膚或化妝。

前往住宅區之前塞滿化妝品的包包，回程時幾乎都要空了，要說這樣的狀況是「大賣特賣」，一點也不為過。我還記得，當時在回家的路上，還在內心感嘆這個時代真是和平，可以讓女性們開始想變得漂亮，真是太好了。我身為銷售小姐、值得紀念的上班第一天，就這樣度過了。

這一次獲得出書的機會，我也回顧了至今以來走過的足跡，也在敘述過程中，想起許多事情。

首先，就從我很久以前發生的故事，開始分享至今以來的歷程。

3 我只跟昨天的自己比較

我出生於一九二三年（大正十二年）四月九日，在同一個學年當中，算是較早出生的學生。

上小學後，班上四月出生的同學，馬上就要滿七歲；雖然說和剛滿六歲、三月出生的同學，都屬於同一學年，但是從小就有明顯的差距（按：日本是四月開學，因此同一學年的學生，大都出身於前一年的四月到當年三月之間）。我是在四月出生，再加上身為長女，跟其他人相比算是比較成熟。

我出生在大正年代，由於幼年時小孩很多，對於母親而言，當時家事的負擔很大，與現在根本不能相比。所以，兄弟姊妹裡最年長的我，從小就得扮演類似母親的角色。

雖然自己說可能有點怪，或許是這樣的家庭環境使然，我自認為算是可靠的孩子。

喜歡學習新事物

而且，我也喜歡學習新事物，想要學會、記住新知識的欲望非常強烈。所以，我十分喜歡上學。

因為在學校可以學到原本不知道的各種知識，再說，放學回到家，就有家事等著我，所以我幾乎不曾在家念書。不如說，是因為沒有必要在家讀書。

在學校聽課時十分快樂，所以我立刻就能記住，就像是快樂的回憶容易殘留在腦海一樣。

當時學校的成績分為甲、乙、丙三級，最好的是甲、普通是乙、需要再努力的則是丙。我的成績幾乎都是甲，只有兩個學科拿到乙，那就是體操和唱歌。

體操，也就是現在所謂的體育課，大部分都是在賽跑（競走），不過我跑得不快，速度算是中等，我以前也很討厭運動會。

不與他人比較，挑戰自我

當時的音樂課，也沒辦法像現在這樣，每個人發一個樂器，上課時幾乎都在唱歌。我的歌聲不難聽，但大概也算不上優美，所以才拿到乙，老實說這讓我有點不甘心。

不過，作文課或是裁縫的運針等，我可是十分擅長。每次交作業時，我總是班上第一個完成，老師還曾經誇獎：「做得很好！」

我沒有特別注意，但或許在不知不覺中，一直覺得「在各個學科拿到第一名是理所當然的」。大概也是因為我很不服輸。只是，我不是在和誰比較，想著「不想輸給○○」，而是覺得「自己做不到，很不甘心」，把自己視為競爭對手。

只要想著「和自己比賽」，就能減輕壓力

「只把自己視為競爭對手」，這種想法便在我內心扎根，一生都不曾改變。

若是身在職場、很容易知道其他人工作的成果，就會不自覺的跟別人相比，如此一來，就會逐漸累積壓力。但如果把走過的所有歷程，跟現在的自己相比，或許就能停止與他人比較，只以自己為標準。

跟昨天的自己相比，今天是否有所成長？要是沒有感受到進步，又是什麼原因造成的？如果能這樣思考，那麼原本總是關注他人的眼光，也會轉而朝向自己，就不會輕易受他人影響。

4 任何學習，終有回報

當時，同學們國小畢業後，要不是繼續升學，就是去工作，否則就是幫忙做家事，幾乎只有這三種選擇。

升學的話，男生會進一般國中，女生則是就讀女校。因為不是義務教育，所以選擇升學的人不多。我國小同學年的人當中，女生只有六十四人，之後選擇繼續升學到女校的只有十位，比例將近一六%，跟現在相比差別很大。

在那個年代，若不是家庭在金錢上較寬裕，或是父母的想法比較先進，女生很難繼續升學。

我家雖然不算是非常富裕，但是父母能理解教育的意義，再加上我很喜歡讀書，所以讓我繼續升學。

這時國小會另外安排「特別課程」的時間，讓升學組在放學後準備考試。順帶一提，參加這堂課的人數，男女加起來共有二十人左右。

聽媽媽的話學琴，結婚後反而幫上大忙

後來我順利升學、進入女校，上起課來也很開心。那時候才十幾歲，記憶力是人生中的巔峰，而且學習很有趣，所以無論什麼內容，我馬上就能記住。

說起來，我還記得進女校沒多久，就馬上開始學琴。這是因為有一天，母親突然對我說：「妳去學琴啦。」其實，母親對於學習古琴抱有強烈的憧憬，但她似乎沒有機會學，所以一直覺得遺憾。

關於這點，由我自己說或許有點奇怪，但我覺得我的理解能力很好、手也很巧，可能也感受到母親想把她的夢想託付給我，於是我沒有任何拒絕的機會。家裡

馬上找了古琴老師收我當學生。在這樣的情況下，也只能聽媽媽的話。

但是從結果來說，我很感謝母親。直到我後來結婚，因為先生從小生長在富裕的家庭，被當成少爺養大，對金錢也不太在乎，導致我們家曾遇到一些經濟上的窘境。結果，年輕時學習的古琴，就在當時幫上了忙。

我一旦下定決心，就會貫徹到底，多虧過去持續學琴，也拿到師資認證，才有辦法教附近鄰居的女兒們，透過每個月收學費，為家中經濟幫上大忙。這正是所謂的「一技在身，勝過千金」。

拚命努力、不斷累積，總有一天會回饋

除此之外，我還曾因此獲邀參加家鄉電臺開臺記念日的典禮，上臺表演彈奏古琴。然而，彈古琴其實不是因為想學才開始的，但幸好我當時仍努力練習，才能學到難得的技藝，真是十分感恩。透過這個經驗，我明白了只要全力以赴做好一件事，對往後的人生都有助益。

不論是才藝還是工作都是如此，靠拚命努力與不斷累積，只要具備這兩個要素，就沒什麼好怕的了。

我的母親四十五歲時就早早離開人世，而她給我的最大禮物，就是讓我明白這一點。

5 喜歡的事情當副業經營

從女校畢業後，我選擇就業。

當時還沒有多少女性在外工作。大部分的女性成年後，都選擇結婚生子、侍奉公婆，在家支持先生，這是那個時代的常識。

尚未結婚的女性，因為婚後得幫忙家務，所以平時都會幫忙做家事、進行「新娘修行」。

在這樣的環境下，我之所以選擇就業，不是因為抱持婦女解放的思想，認為今後的時代女性也能工作、選擇工作的女性很帥氣。我其實只是單純的憧憬「寶塚歌劇團」（以下簡稱：寶塚）而已。

我非常喜愛寶塚，對她們抱有強烈的憧憬。另外，寶塚當時的正式服裝是紅褐色的袴（按：音同「褲」，和服的下半身服裝，類似褲裙），我每次看到時，都會忍不住感嘆：「真是漂亮！」

外表反映了愛美的心

各位或許會覺得不可思議，寶塚的袴裝跟我出外工作有什麼關係，答案其實是「因為職場裡可以穿袴上班」。

不論過去或現在，我都很嚮往女性英姿煥發的模樣。不僅喜歡漂亮的女性，也十分憧憬帥氣的模樣。

常說「人不能只看外表」。一方面我覺得這是事實，卻又認為不能百分之百下定論。因為所謂的優雅、美麗、帥氣，不一定單指外貌，而是當某個人心地善良，或是想保持美麗時，愛美的意識自然會反映在外表。也因為如此，人就會變得更漂亮、美麗、帥氣。

出外工作，只是想展現帥氣的一面

我認為人的內在，一定會反映在外表上。

因此，從這層意義來看，寶塚的團員們都是我所憧憬的女性。因為美麗的容貌是與生俱來的，像我這種普通人很難追上，但是她們俐落大方、帥氣的態度，以及美麗的姿態、服裝打扮等，只要有心，相信任誰都能模仿。

所以我才想，要是能稍微仿效喜愛的寶塚團員們就好了。因為這個念頭，我選擇了女性能穿袴上班的職場。

順帶一提，穿袴上班不是員工義務，也不是公司制服。即便如此，還是有很多女性會穿袴上班。或許不只是我，在許多職業婦女的心中，也想呈現工作時帥氣俐落、神采飛揚的模樣。

勇於追求喜歡的事物

雖然這是將近九十年前的事了，但時至今日我仍然清楚記得，自己第一次穿袴上班時，有些風光又略帶自豪的心情。我想，這份心情，或許就是促使我成為POLA化妝品銷售小姐，從事與「美」相關工作的契機。

現在社會大肆宣揚多元化，很多公司也開放員工從事副業。所以，若是覺得目前的工作只是為了支撐家計，但不適合自己、或是工作時不快樂，那麼不妨嘗試把喜歡的事當作副業。

從以前開始，我就會把喜歡的事情，以及無法用言語形容、卻十分嚮往的事當作副業。要是覺得副業的內容不太適合，那就儘早嘗試其他不同的事情就好。總會找到適合自己、做起來開心又能賺錢的工作。

大家都說現在是人生百歲的時代，但如果讓一〇二歲的我來說，一百年真的一晃眼就過去了。所以切記不要忍耐、盡情嘗試想做的事，積極的享受人生！

6

感謝溺愛自己的「笨蛋父母」

我的第一份工作，就是在現在的日本電信電話（NTT）上班，當時還是日本的「遞信省」，主要負責管轄郵件和電信電話服務等，而我則是進入了當時的電信電話（電話局）工作。

之所以選擇在電話局上班，一方面的確是嚮往穿上如同寶塚的袴裝，另一方面是因為父親曾在郵局上班，所以通信相關的工作讓我覺得很親近。

收到錄取通知後，父親接到電話局的朋友告知：「你女兒國語和英語的考試，可是拿到滿分呢！」讓父親非常開心。

在此之後，無論過了多少年，父親只要一有機會，就會跟別人說：「智子求職考試時，國文跟英文的測驗拿到滿分。」不難看出他相當引以為傲。

人們常說過分溺愛小孩、失去理性的父母是「笨蛋父母」。但仔細一想，願意為自己的事變成笨蛋的，也只有父母了。想到這裡，我對他們充滿感激。

日本電話的古今故事

順道一提，大家知道日本是從什麼時候開始使用電話的嗎？說個題外話，亞歷山大．格拉漢姆．貝爾（Alexander Graham Bell），於一八七六年在美國發明電話。過了十四年後，也就是一八九〇年（明治二十三年），在東京和橫濱之間開啟了日本第一次的電話服務。

據說，當時在東京使用電話的家庭僅有一百五十五戶，橫濱四十二戶，一共僅有一百九十七戶使用（資料來源：KDDI TOBIRA）。

當時的電話簿（加入電話服務的用戶名冊），是從數字「一」開始依序列出，登載著電話號碼、用戶名稱。

順帶一提，以前有個知名的電視廣告標語：「長崎蛋糕第一、電話第二，下午三點的點心是文明堂。」據說當時新式電話局剛開設時，文明堂買下了電話號碼的「二號」。一九三五年（昭和十年），把整家店的電話號碼都設定為「二號」後，便在電話簿的封底刊登大大的廣告：「長崎蛋糕第一、電話第二」（資料來源：文明堂官網）。

目標是勝過昨天的自己

當時的電話不像現在這樣先進，只要使用轉盤或是按數字按鈕，就能直接撥號連線。那時想打電話的人，必須轉動電話機上附的搖桿，先與電話局的接線生通話，告訴對方：「我想和〇號的某某通電話。」

接著，接線生就會聯絡另一方並說：「現在要轉接△號的某某人打來的電話。」然後把接續用的電線插頭，插進來電的人、跟接電話的人雙方的插座接口，並接通線路、才得以通話。因為整個過程都是人工操作，接線生如何在短時間內確實處理連線，就是重要的關鍵。

話說回來，我最喜歡和昨天的自己競爭，為了抓住要領，我每天都充滿幹勁的工作，對自己說：「今天要讓客人等待的時間，比昨天更短一些！」

當時我還很年輕、記憶力又好，所以工作起來很有趣、速度也加快，每天都開心得不得了。這種感覺，大概就跟現在的年輕人沉迷電動遊戲很相似，必須快速且正確的連線，所以讓我完全投入其中。

我總是覺得，可以一邊工作賺錢、一邊留下快樂的回憶，真的很幸福。

7

所謂的遲鈍，其實很有用

在當時，接線生如果能精通只由點（・）和劃（—）組成的摩斯密碼，還能獲得獎勵。一旦通過測驗，除了每個月的薪水之外，還有津貼可以領。

因為我喜歡挑戰新事物，便努力學習、通過測驗，順利拿到津貼。儘管還因此被朋友冷嘲熱諷：「妳啊！領這麼多薪水，是不是每個月都能做一套新和服啊？」但我還是很開心。

或許是看在我熟悉摩斯密碼的緣故，我工作只過了兩年，職位就升等到「監督」，也就是現在俗稱的團隊領導者。

負責轉接電話的接線生會坐成一排，而我站在他們的後面，確認是否遇到什麼麻煩、並協助同仁解決難題，就像是「掩護射擊」。

畢竟那時的通訊狀況不如現在，總是無法順暢的連線，時常惹得客戶生氣。這時，我就會代替接線生安撫顧客情緒，並展現誠意、向客人道歉：「我們由衷的感到抱歉。」

雖然這麼說不太好，但「巧妙的安撫、讓客人平息怒氣」，正是團隊領導者的重要職責之一。

工作遇到不愉快怎麼辦？睡一覺後忘光光

我原本就不怕生、個性也開朗，態度十分親切。但我覺得無論如何，都能藉由工作磨練出良好的溝通能力。那個時候，不知道每天跟多少人講了多少話，又面對了多少陌生人的責罵，不斷的道歉。

我想，工作上多少都會遇到不可理喻的事，若是不合理的事發生在自己身上，任誰都會不愉快。就算如此，一直受不愉快的事情影響也很累人。再說，這樣的結果又有誰能得到好處？那麼，該怎麼辦才好？

總之，我想最好的方法只有徹底忘記。到了晚上睡一覺、隔天早上起床，便能忘記前一天不開心的事，不斷重複下去。

我很擅長明快的處理事情，幾乎不會受負面情緒影響。現在回想起來，也許就是當時的日子培養出這種特質。

不看缺點、而是找出優點

我負責管理的團隊，是由二十五位女性組成。

人們常說「只要聚集三個女生，就會搞小團體」、「在女性的職場中，人際關係十分麻煩」等，認為管理女性職場很辛苦。

但實際上，我從來不這麼覺得，甚至神經大條的認為：「我的團隊成員都是優秀的人才。」當然，也有可能只有我這麼想，說不定在我不知情的時候，已經被說了很多閒話。畢竟我只工作了兩年，就被升為團隊領導者，多少會有人不開心。但是，至少我從不曾這麼覺得。

擁有鈍感力，不在意他人評價

別人要怎麼想由他去，不論我們再怎麼在意，也沒有辦法解決問題。我只想著認真做事，其他的問題只要轉念「別人怎麼想隨便他，這樣就好」。

知名作家渡邊淳一，二〇〇七年在日本發行了書籍《鈍感力》，銷售超過一百萬冊，成為暢銷作品。他在書中提倡，為了在複雜的現代社會生存，就需要遲鈍，也就是「鈍感力」。因為日本前首相小泉純一郎曾經使用這個詞彙，也讓它成為了當年的流行語，但我覺得或許自己才是鈍感力的始祖。

正因為如此，我不會過度在意他人眼光，會以自己覺得好的方式去做。所謂的遲鈍，其實很有用，至少當事人是輕鬆的。那麼，要如何變得鈍感？

首先，試著不去思考別人怎麼看待自己。接著，慢慢轉移思考的重心，從「別人怎麼看自己」，轉變成「自己想怎麼做」？

當然，要你突然變得鈍感，也不是那麼容易。但要是能慢慢放手，擺脫過度敏感、容易受傷的自我，就足夠了。

每個人都有各自的好惡，我們也不可能受所有人愛戴。再說，一旦對某個人形成既定印象，幾乎很少會再改變評價。最重要的是，他人也無法帶給你幸福。

總之，我認為，在意別人會怎麼想自己，其實沒有什麼意義。與其貼近「他人眼中的理想樣貌」，還不如努力成為自己喜愛的樣子，才能一直幸福的生活下去。

8 拓展本業以外的能力

電話局的工作是早班和晚班兩班制。

晚班是從下午四點半到隔天早上八點。雖然是半夜工作，但是能夠輪班睡覺，夜晚也不像白天那樣，有那麼多人打電話，所以我不曾覺得辛苦。倒不如說，早上八點半下班，之後就能自由的利用時間，實在太感謝了。

之所以會感謝，不是因為下班後能到處去玩，而是因為當時母親生病、身體虛弱，我必須幫忙家務。再加上妹妹年紀還很小，我也得幫忙照顧。

這種工作型態，最讓我慶幸的是，能有多餘的空閒時間做裁縫等家庭代工。

我從小就喜歡做手工藝，無論是裁縫還是編織，我也自認很擅長。況且那時候也才二十歲左右，體力跟精力還很足夠，同時也想試試自己的本事，看能做到什麼程度，於是開始了這項家庭代工。而且，自己也能毫無顧慮的花用，從這項家庭代工賺取的額外收入。

薪水全部拿給老家用

當我在電話局上班時，就只有母親在家而已。導致在這期間，不得不把家事交給身體欠佳的母親。

在當時，關於家事，長女必須承擔很重要的角色，我卻把家事全部託付給孱弱的母親，因此我一直很懊悔自己沒有盡到本分、對母親很抱歉。所以，至少不要讓家人在金錢上不方便，我就把電話局的所有薪水，全部給家裡。

以時代背景來說，當時的價值觀還是強烈認為，長子（女）必須為了養家而工作。也就是說，在那個年代，長男、長女為了家庭犧牲是理所當然的。然而，我絲毫不覺得，是為了家人而犧牲。

當時父親還在郵局工作，母親也曾對我說：「家裡沒那麼為錢傷腦筋，所以不用全把薪水給家裡。妳自己先留一點零用錢，剩下的再給家裡就夠了。」

可是，這樣一來，我總是感到過意不去。

9

家用不夠？我自己賺吧

我做的家庭代工裁縫，是透過母親熟識的染坊介紹的。

一開始會有一個「小測驗」，題目是縫紉男性用的和服「給」（按：音同「夾」，有縫製內裡的和服）。要是通過的話，才會正式交派工作。

我對於自己的手藝很有自信，當下覺得一定會通過測驗。幸好，最後對方也稱讚：「成品的狀況非常好，太好了。」於是我便開始陸續接到工作。

當時隔天早上八點半、晚班下班後，我幾乎都是跑步回家。

回到家後，我會先吃早飯。因為是餓著肚子回家，到家後打開飯鍋、看到裡頭有白飯，都會讓我開心得不得了。再加上當時還很年輕，食欲又旺盛，吃完一碗白飯後，還可以再盛好幾碗，現在的我根本無法想像。

想起當時父親看到我這樣，還開玩笑：「你要盛多少碗白飯都可以，就是不要連飯鍋都吃了，好歹把飯鍋留著。」真是令人懷念。

讓人因此開心，就是我工作的動力

吃完早飯後，我會立刻開始縫紉。

看在別人眼裡，或許會想：「怎麼可以工作得這麼勤快？」但是我從來不曾感覺辛苦。

每當我把薪水交給母親時，看到她如此開心，我也會很快樂；甚至每次委託縫紉工作給我的染坊也是，老闆收到我編織的和服時，都會開心的說：「這次也縫得這麼漂亮！」

不知不覺中，我也開始認為，若是自己的工作能讓他人喜悅，實在是難能可貴、值得感激的事。

之後，當我和過度善於交際的先生結婚，家計狀況出現問題時，我並未一直埋怨先生，而是能改變想法：「那，我來賺生活費！」這或許也是因為，我曾做過家庭代工。只不過，也許這樣反而太放任先生了……。

母親早逝，由我照顧年幼妹妹

即便忙於電話局的工作及縫紉，我每天依舊過得很充實，只是在二十二歲時突然失去母親，留下了悲傷的回憶。

母親那時還很年輕，才四十五歲就離開了我們。當時我年紀最小的妹妹也只有九歲，正是還想和媽媽撒嬌的年紀。為了不讓妹妹覺得可憐，母親過世後，我花了很多心思照顧她。

當時不像現在，平均壽命這麼長，我想那時候應該有不少小孩，也經歷過父母親早逝。

以前每個家庭有很多小孩，兄弟姊妹的年齡差距有十來歲之多很正常。像我們家一樣母親早逝，由姊姊代替母親照顧弟弟和妹妹，也是常有的事。

對我而言，我身為長女，跟母親相處的時間最久，由我來照顧妹妹是再理所當然不過了。但是，對妹妹來說，我的舉動似乎讓她覺得，受到特別溫柔的對待、被仔細呵護的感覺。

這股記憶，現在似乎還強烈的殘留在妹妹心中，她說：「對我來說，姊姊就像是媽媽一樣，所以妳一定要長命百歲。」她總是關心獨居的我、時常寄送好吃的食物。

10

做好本分能做的事

工作、家庭代工和家事，再加上照顧妹妹，時光有如箭一般飛逝。

當時的價值觀都認為，女性總有一天要結婚，然後成為家庭主婦，支持丈夫、養育子女。

但是，當時的我是否真的想過，自己總有一天會結婚、離開老家？……實在是太久以前的事了，連我也想不起來，但結婚也好、生小孩也好，當時我應該不覺得這些事「總有一天會發生在自己身上」。

我現在也一樣，基本上不會思考未來的事，甚至也不會回顧以前發生過什麼。

只要一整天做好能做的事，然後想著：「哎呀，今天也平安順利的度過了。」我覺得這樣就足夠了。不論過了幾十年，或是現在這個當下，我都不曾改變這樣的想法。

話雖如此，就算自己覺得「目前這樣就夠了」，但所謂的人生，有時還是會受到周遭意料之外的力量影響，而不斷改變。我之所以會如此深信，是源自於我突然被求婚，父親聽到消息後也開心得不得了，就這樣決定結婚。

結婚的對象就是在二〇一〇年過世的先生，我跟他其實是表姊弟關係。我父親的姊姊，就是我先生的母親。

被溺愛長大的丈夫

我的公公在戰爭時期到了滿洲，負責南滿州鐵道（滿鐵）的相關事務。然而，他的太太，也就是我的婆婆在生下次男（我先生）後感染了肺結核。當時一提到肺結核，就會聯想到相當嚴重的疾病，得抱著一病不起的覺悟。

因為婆婆染病後狀況很嚴重，所以當時還是嬰兒的先生，後來是由公公跟婆婆雙方的祖母養大的（先生的外婆也就是我的奶奶）。

在滿鐵工作的公公，想到兒子受到大家照顧，所以每次都會寄很多錢。對祖母們來說，因為憐憫先生的處境，越是疼愛得不得了，特別關愛他：「這孩子多可憐，年紀還這麼小就不得不與母親別離，真的太可憐了。唉，實在是很不幸，而且他又這麼可愛。」

祖母們大概是這麼想的吧……我擅自想像了一下。

第 2 章

發現我的天職

1 丈夫是被長輩寵壞的大人

不知道現在的人有沒有聽過這句話，以前人們常說：「老年人帶大的小孩不值三文。」其中的老年人大都指爺爺、奶奶，三文則是指三文錢，比喻價值很低。

父母養育孩子時，就算再怎麼疼愛，內心總會覺得必須讓孩子獨立成長，若是太寵愛也不好。

但是，爺爺奶奶們比起孫子的未來，他們更注重孫子現在有多可愛，進而溺愛他們。所以，才會有說法認為「爺爺奶奶帶大的孩子不可靠」（沒辦法成為成熟的大人、派不上用場）。

我的先生曾受到兩位祖母過分寵愛，正是這種類型。為了我先生的名譽，我先說明一下。他是個好人，很討厭拐彎抹角，也從不做狡猾的事。嚴格來說，他算是品行高尚的人。但是偏偏他的金錢概念，會讓人覺得他從沒吃過苦。

大學時的生活費，是社會新鮮人薪水的五倍

我先生高中畢業之前，都是在岩手縣生活，大學則是就讀早稻田大學法學院。在當時，大學畢業後的第一份工作，薪水大約是二十日圓左右。先生的祖母們寄給他的生活費，卻將近一百日圓。聽他說，當時他早上就去咖啡廳喝咖啡、喜歡買什麼書就買，自由自在的花用生活費。

然而，他在第二次世界大戰結束前被徵召，還沒到達外地，就迎來戰爭結束，最後回到了岩手。

大學畢業的同時被徵召，同年迎來了戰爭結束，使得他無論是工作或是其他事情，一點成就也沒有。據他本人說，當時他打算回東京後準備司法考試，未來希望成為律師，可是當時的東京已是戰火焚毀的荒地。話雖如此，他回到岩手後，仍然沒決定要去哪裡工作。

2

我們是同住一個屋簷下的姊弟戀

戰爭結束後，先生這時大學剛畢業、還在為未來迷惘時，我先生的舅舅，也就是我父親，助他一臂之力。

我父親一直很照顧這個姪子，也就是我先生，看到他陷入困境，於是想幫他找工作。父親還特地到岩手找先生聊聊，對他說：「福島說不定有工作機會。」就把他帶來家裡了。

也就是說，先生和我在所謂「對戀愛憧憬的年紀」，兩個有血緣關係的表姐弟住在同一個屋簷下。

家人都叫我「大姊」，所以先生也理所當然的跟著稱呼我「大姊」。我們從小就認識，也沒特別把對方看作是異性，更沒想到後來竟然會結婚、成為夫妻。

話說回來，我本來就對談戀愛沒什麼興趣。

下意識追求宛如姊姊和母親一般的女性

只是，每當我工作結束後，先生總是會到電話局來接我。同事看到他一來，就會調侃我：「妳看，（男朋友）又來囉。」從這點來看，或許我先生很早以前就把我當成異性來看待。我天生就有的「鈍感力」，讓當時的我完全沒察覺到……。

從沒吃過苦的大少爺長大成人後，也從來不曾被迫改變生活方式，先生在幸福的時代結束一生，度過了平順的人生。

我想，他可能也相當明白，自己有「大少爺的氣質」吧。所以，或許為了補足自己的弱點，才會下意識的追求宛如姊姊或母親那樣的女性。

由我來說可能有點自賣自誇，但這個年輕男性，因此和大家公認很可靠、「只要和她在一起就能安心」的我，開始在同一個屋簷下生活。

工作、家庭代工與家事，身兼三職

有電話局的工作和裁縫，我不只身兼兩職，甚至在母親過世後，還得兼顧母職。或許先生就是看到我這樣，便覺得「和這個人在一起，能夠安心生活」。

我們沒有舉辦結婚典禮，只有和家人簡單的聚餐作為祝福，後來我辭掉工作，匆匆忙忙的跟著先生搬家，到他工作的地點岩手縣，開始了新婚生活。

3

我的新婚回憶只有缺糧

我們夫妻會在結婚的同時搬到岩手縣，其實是有原因的。

父親把我的先生、也就是他的姪子帶到福島來，四處拜託人家僱用他，但當時戰爭剛結束，社會還不穩定，最後沒有任何地方可以錄用他。

雖然父親有位朋友在銀行擔任董事，原本還期待去銀行應徵的話，先生或許會被錄取，結果還是行不通。

原因似乎是，他履歷表上寫著「早稻田大學法學院畢業」，會給人不太好的印象。畢竟當時能讀到大學的人少之又少，能大學畢業，可說是精英中的精英。

以現在來說，各家公司或許會想：「這麼優秀的人才，真希望他來我們公司工作。」但其實在當時的福島，連銀行總裁都沒能拿到大學畢業的文憑。要是底下來了一個從東京的大學畢業的精英，或許也不知道該拿他如何是好。

沒想到，高學歷反而成了找工作的絆腳石，當時父親和先生都很失望。

先生煩惱得不得了，最後找大學同學商量。那位同學在岩手縣的稅務署工作，結果同學說：「剛好最近有一位同事離職，主管說如果你不介意當臨時員工的話，可以讓你來上班。」

於是，先生決定回到岩手，他也才藉此向大家宣告：「請把大姊交給我。」我們就這樣在岩手展開了新婚生活。

關於新婚的回憶，只有缺糧

既然好不容易談到新婚時的生活，好像應該順便公開一些甜蜜的回憶。但說到回憶，我只記得那時根本沒有食物，讓我很困擾。

每天都在為了三餐而拚命，甚至連自己在昭和幾年結婚都不太記得。

那時，食物還是由政府配給。沒想到，我們被視為「新遷入戶籍的人」，所以不能納入該地區的配給對象。或許，政府光是分配食物給當地的人，就已經十分勉強了。

能賣的東西全賣光

先生白天得去稅務署上班，所以只有我能採買食材。

幸好我們家附近有很多農家，剛好需要人手，我去幫忙他們做田裡的工作，就能分到一些食物或是謝禮（費用）。那時，我幫忙許多農務，像是把稻苗移植到水田等，我的腳還曾經被水蛭咬過，真的令人吃不消。

直到後來，當我記住了如何徒手用力抓住水蛭、將牠剝離的訣竅，才終於安心：「這樣就沒問題了！」

當時，我把能賣的東西，通通拿去賣掉，例如結婚時帶來岩手的和服，甚至是我珍惜很久的古琴琴線，也讓給了農家的女兒。

現在回想起來，仍感到不可思議，那時到底是怎麼度過每一天的。了解當時狀況的人，肯定跟我有一樣的感受。

我討厭後背包，因為……

當時一想到一整天至少得吃點什麼來活命，我只得出門採買食材。那時日復一日背著後背包，總是花很長的時間，走路出門採購。

其實對我而言，後背包是戰爭結束後，辛苦生活的象徵。雖然經常聽人說：「對年長者來說，後背包比較好，因為雙手能自由活動。」但是我一點也不想背，因為這會讓我想起戰後出門買東西的往事。

在工作方面，我從來不覺得辛苦，但那時採買食物的經歷，卻讓我心力交瘁。跟過去相比，如今真的是很美好的時代，只要付錢就能買到食物。

現在雖然日幣持續貶值，跟其他國家相比，工資的漲幅也較不理想，甚至還有人批評：「日本的國力衰退了。」、「日本要完蛋了。」

但是，對於經歷過戰爭與戰後時期的我來說，現在的日本簡直是天堂。因為如今不必為了有沒有飯吃而煩惱，也不用成天擔心炸彈什麼時候會突然掉下來。

在那個時代，我切身體會到，活著，就是吃東西。

當時我常寫信給在福島的父親。雖然不想讓他擔心，但仍不自覺的在信裡提到，沒有食物吃的事。比起岩手，福島在戰後恢復的速度比較快，食物的供給狀況也逐漸好轉，甚至也開始募集地方公務員。所以，我先生也去參加福島縣的公務員錄用考試。

幸好先生最後順利及格，於是為了在福島縣政府工作，我們結束了一年的岩手縣生活，返回福島。對我來說，最高興的就是回到從小長大、生活，熟悉的故鄉。

4

靠人人倒，我自己籌家用

戰後的混亂狀態逐漸穩定，我先生也成為福島縣的正式職員，原以為不用再擔心、能放下重擔了，但現實沒那麼簡單。

當時公務員的考試分為初級、中級、上級，依據最高學歷，測驗內容也不同。大學畢業的先生順利錄取上級公務員，比想像中還早升官，不到三十歲就升到主任，底下有很多比他年長的部屬。

由於之前在岩手是臨時員工，加上在戰後配給時代，分配到的食物總是不夠，所以先生愛浪費的習慣多少有些克制。但這次，先生卻開始把錢花在請部屬們吃吃喝喝。

儘管如此，又和過去在滿鐵的公公，寄很多錢給他的情況不同，我們並不是那麼富裕，導致先生都是賒帳請部屬們吃飯。

把錢花在招待部屬，根本沒有錢給家裡……

每當發薪日一到，先生常去店家的媽媽桑，就會找他要錢，薪水袋一下子就空了……每個月都是這樣。所以，根本沒有給家裡任何生活費。

發薪日隔天早上，先生還會把只有薪資明細的薪水袋放在玄關。接著一副若無其事的說：「我出門了。」就去上班了。

我非常震驚：「什麼？發薪日不拿錢回來，是什麼意思？叫我們一家怎麼生活？」某天晚上，我抓住回家的先生，追問他：「你到底打算怎麼樣？」結果他卻說：「嗯，對啊，我想想……大概只能去當小偷了。」

看來是對牛彈琴、白費力氣……總之，我啞口無言。

決心不靠丈夫，自己賺錢養家

那時一聽他這麼說，我當下就想到：「靠這個人根本沒用，得自己想辦法。」我想，這樣的想法，或許也讓我先生這個嬌生慣養的少爺變本加厲。但是比起這一點，當時最重要的是「今天該怎樣才有飯吃」。我想到的辦法，也只有自己去工作了。

因此我又開始了家庭代工、幫藥局做紙箱。當我知道隔壁鄰居太太在做這個工作，便拜託她「也讓我做做看」，才順利有了這份收入。在這種悽慘狀況下，手巧還是派得上用場。

做紙箱，得從煮漿糊開始。把材料，也就是紙張，並排放在一起，接著按照順序塗上漿糊組裝，還必須在箱裡做出間隔，因此需要一點小訣竅。

紙張因為塗漿糊而微帶濕潤時，必須立刻放進隔紙，對準紙箱準確的黏緊。要是沒有對準黏好隔紙，就不能用了，所以很重視手巧。

5

「一定」要學會的企圖心

家庭代工的報酬，是以單價乘上紙箱個數的方式計算。要是製作的數量很少，薪水就少；反之數量多的話，就可以拿到很多報酬。

當然，這對手巧的人很有利，但也不是光靠這一點就能做得漂亮。聽說手藝不佳的人，在試做階段就會被廠商以「達不到標準」而拒絕。

幸好我的手巧，剛開始一天能做五十個紙箱。但因為我很喜歡做手工藝，一旦開始就會十分投入。過程中，我就像是玩遊戲一樣，想要挑戰一天最多能做幾個。

起初我一天能做五十個，接著一百個、一百五十個、兩百個……。我把昨天的自己視為競爭對手，透過挑戰自我、想做得更順手，就這樣逐漸增加完成的數量，令我十分開心。

在學校唸書時也是一樣的心情，不論發生什麼事，我都會強烈展現出「一定要學會」的企圖心。當我越做越習慣、抓到要領後，一天便能做出三百個紙箱。

成果化為可見的數字，點燃了上進心

做紙箱時，能清楚將成果化為數字，我認為很適合擁有上進心的自己。其實，無論什麼工作都一樣，與其把其他人視為競爭對手，不如挑戰自己、超越過去的自我。這樣一來，也比較不容易對他人抱持敵意，因而焦躁。

一個月的薪水中，扣掉給隔壁鄰居的先生幫忙搬運材料的運費，還剩下四千五百日圓。那時是昭和二十年代尾聲，當時大學畢業生第一份工作的薪水大約是五千六百日圓。我覺得像我這樣的人，光是做家庭代工就能賺到這麼多，也相當厲害。當然，家計方面也變得輕鬆多了。

6 關於教養，我忙到只能放任

一直支撐家庭生計的工作——做紙箱，唯一美中不足的是，如果沒有工作分派，收入就斷了。為了防備這個情況，我還確保了另一個收入來源，就是在果園打工。

我家附近有個水梨果園，於是我主動去問：「可以讓我一起幫忙嗎？」

經營果園的兼職農家是一對夫婦，先生因為還有別的工作，所以只有休假時才會和太太兩人一起作業，平常都只有太太處理，所以當她聽到我詢問能不能幫忙時，非常開心：「妳能來協助的話，也是幫了我一個大忙！」

什麼都去嘗試，必定有所學習

協助果園的農忙後才知道，為了種出品質佳、可出貨的水果，「間拔」的作業非常重要，很多時候，一根樹枝上會結很多果實，果農們會在很早的階段，留下兩個、最多三個賣相好的，其他全部拔掉。

當留下的果實慢慢成熟，為了不被鳥類吃掉，就必須套上袋子，並用繩子綁緊袋口。不僅如此，果農必須站在高處作業，還得一直往樹上看，是相當需要體力的工作。

看到我在水梨園工作，種蘋果的果農太太也來問我：「妳能來我這邊幫忙嗎？」結果我不只兼兩份差，而是兼了三份，十分忙碌。

多虧水梨果園和蘋果果園經常找我幫忙，所以我一年到頭都在工作。

當時我將近三十歲左右，既年輕、身體又強壯，還想著要一直做事。現在回過頭來看，覺得當時的自己真是厲害。

當我在水梨園打工時，已經是三個孩子的媽媽。最大的是昭和二十二年（按：

一九四七年）出生的女孩，接著是昭和二十五年（按：一九五〇年）出生的男孩，老么則是在隔年昭和二十六年（按：一九五一年）出生的女孩。

一邊不斷的工作，一邊照顧小孩

每次提到這個，就有人會問：「咦？接連生了三個小孩，妳還能一邊照顧他們，一邊工作，一定很辛苦吧？」實際上，我不太記得那時候的事。「總之不工作的話，就沒飯吃」，這樣的想法反倒比較強烈，每一天都拚命賺錢。老實說，當時根本沒有閒工夫覺得辛苦。

唯一記得的是，我不會讓孩子們離開我的視線。

據我所知，在當時的福島，當母親工作時，根本沒有地方能暫時安置孩子們。即使如此，我也不能放著三個年幼的孩子在家，獨自出門工作。關於這一點，家庭代工對主婦來說，真是十分難得。

在果園幫忙時，我會帶著年幼的孩子們一起去。果園的農家也有年紀差不多的小孩，所以孩子們會像小狗一樣玩在一起。

關於育兒，我都是放任孩子們，程度誇張到現在的人聽到都會大吃一驚。因為我光是讓孩子們吃飽，就已經拚了命，根本沒有時間，鉅細靡遺的管教他們。只要他們能夠平安長大，我就感激不盡了。

7 自己用過覺得不錯，才敢拿出去賣

後來先生的薪水調漲，才多少有餘裕能拿錢回家，我們家的生活也逐漸寬裕起來。回想起來，我會知道透過上門推銷而持續成長的化妝品品牌「POLA」，應該是老么還在上小學時。有一次，好友招待我到她家玩，當時有一位初次見面的女性。她非常漂亮，看起來也有化妝，就連同為女性的我，也會忍不住一直盯著她看。

這時朋友突然問我：「這個人很漂亮吧？妳覺得她幾歲？」我心想，那位女性最多三十五歲左右，便老實的回答。結果她告訴我：「我已經五十歲了。」

我想都沒想就直接問她：「妳為什麼可以這麼漂亮？」結果那個人說：「我的朋友是化妝品銷售小姐，我聽她的建議，正在用POLA的化妝品。」

「我也想用，拜託妳也請她來我家！」藉由這個請託，我因此和POLA結下緣分。

深深著迷，成為最喜愛化妝品的粉絲

之後來我家拜訪的，不是那位漂亮女士的朋友，而是她其他的同事，但只要能買到POLA化妝品，再加上實在太好奇、很想使用看看，所以無論銷售的人是誰，老實說我一點也不在乎。

那位銷售小姐一邊向我介紹，一邊用保養品保養我的皮膚，接著輕拍、讓滋潤的成分進到肌膚裡，最後塗上乳液，彷彿蓋上一層面紗，溫柔的保護著我的皮膚。或許聽起來很像在說謊，但我的內心深深被POLA化妝品所擄獲。

無可奈何的是，我在經濟上沒那麼寬裕，沒辦法一次付清。

於是，雖然覺得不太可能，但我還是試著問她：「我很喜歡你們的保養品、也很想要買一系列來用，但可惜我沒有錢，請問可以分幾個月付款嗎？」沒想到她爽快的答應我：「好啊！那我每個月來跟妳收錢。」

嘗試看看，覺得十分好用

我一想到能用ＰＯＬＡ的保養品，就開心得不得了。每天早上、晚上，一邊陶醉的看著化妝品的瓶罐、一邊用心的保養肌膚。

在這之前，我總是為了每天的生活費東奔西跑，連化妝品的「化」字都搆不著邊，這次則是發自內心想要變漂亮。後來過了一段時間，有一天鄰居對我說：「堀野太太，怎麼感覺妳最近變得特別漂亮？」讓我嚇了一跳。

我原本認為反正還年輕，所以從來不保養肌膚，直到開始使用好的化妝品，才很仔細的護膚，所以聽她這麼一說，就覺得是保養品出現效果了。

鄰居接著問我：「妳到底擦了什麼，改變這麼多？」我告訴她：「其實我開始用ＰＯＬＡ的化妝品了。」她說：「咦？那個高級化妝品嗎？我也想試用看看，可是我沒有錢，沒辦法買。」

「我也沒有錢，但是沒關係，可以每個月分期付款。」我這樣告訴鄰居們後，大家的反應都是「如果可以分期的話，我也想用用看」、「我也想買」、「我也是」、「我也要」，好評不斷。

順帶一提，ＰＯＬＡ已經沒有分期付款服務了。

8

希望周遭的人都因我的產品而幸福

我當時住的市營住宅，是兩棟並排的平房。

鄰居家的孩子們年齡都相仿，丈夫大都是上班族。彼此的年齡和家庭環境也很接近，所以大家都能隨意去對方的家串門子，感情很好。

尤其是女性們，只要聚會時，便自然而然互相交換各種生活資訊。

生活資訊中也包含美容，由於當時的化妝品公司不多，美容資訊也少，所以一旦聽到有人說：「那家化妝品好像很好用。」大家便會趕緊試用看看。

特別是POLA，因為它不像其他家的化妝品，會開設店鋪販售，所以很稀缺，也是一般常說的「物以稀為貴」，印象中都覺得是高級化妝品。也因為這樣，大家往往買不下手，也有不少太太們會先入為主的認為：「這不是我能用的化妝品。」

但是當我開始使用、而且還是分期付款購買的事傳開後，大家購買的難度瞬間變低，很多住宅區的太太們都因此深深著迷、成為POLA化妝品的愛用者。

這件事讓我體會到，與自己的生活水準相似、實際用過商品的使用者口碑，十分具有影響力。而且，這也讓我注意到，自己就是口耳相傳的源頭。

等待朝思暮想的商品寄來的幸福

如此一來，我突然有個想法：「要是能成為POLA化妝品的銷售員，不只住在市營住宅的太太們更容易購買，一部分的銷售業績也能變成我的收入。」

無論是電話局的工作、裁縫和製作紙箱的家庭代工、在果園幫忙等，我至今為止都不厭其煩的撐了過來。

而且，我從來沒有厭惡過這些工作，不論什麼事，我都能從中體會到成就感並樂在其中，也覺得很有價值。尤其是我曾有各式各樣的工作經驗，推銷化妝品讓我特別感興趣。其中一個原因是，我覺得這世上沒有人比我更喜歡ＰＯＬＡ化妝品。

我的好奇心旺盛，也很喜歡和別人分享使用後覺得好用的商品。經常有人說：「聽堀野太太這麼介紹，我也想使用看看。」或是：「我也想試試一樣的方法。」

我能感受到，一聊到在用的化妝品時，就特別的熱衷。像是當我開始使用化妝品後，肌膚變得多好；實際使用的感覺是什麼，至今以來介紹給別人後，他們有多麼滿意；要是購買全系列的商品，費用會是多少，但分期付款的話，主婦們也能輕易購買……等。

想要成為化妝品銷售員，但時機還沒到來

我甚至還會邀請附近鄰居的太太們來家裡，實際讓她們試用我的化妝品，擦在臉上、手上，讓她們嘗試保養自己的肌膚。

不只是自己使用，我還想告訴其他人正確的商品知識，讓更多人知道這麼棒的保養品，使更多女性變得更美麗，過著充滿笑容的日子……雖然聽起來像是誇大的場面話，但我真的打從心底這樣認為。

話雖如此，當時的我是有三個孩子的家庭主婦，最小的孩子才九歲，也是最需要花費心思照顧的時候。

在當時，若要成為化妝品的銷售員，必須到仙台上課。我雖然心裡嚮往，但想到自己的家庭環境，還是覺得時機太早，只能放棄。

人生中都有所謂的時機。無論你多麼渴望實現某件事，即便條件上沒辦法達成願望，總有一天也會以意料之外、想都沒想過的方式呈現在你眼前。

我其實不太會執著於某種想法，所以當下便轉念：「現在做不到的話，也沒辦法。」現今的時代，普遍認為放棄是不好的。但我覺得，有時也必須適時的放手。至少不需要為了放棄某件事，而抱持罪惡感，不是嗎？

當下能做什麼就去做，接著等待總會降臨的「那個時刻」，這樣就足夠了。

9

賣化妝品之前，我還賣過保險

雖然無可奈何，只能放棄成為POLA化妝品銷售員，但之後我也沒有拒絕其他工作，也曾從事推銷。

有一天，朋友來我家，一副神祕兮兮的表情對我說：「我有一件事，無論如何都要拜託堀野太太。」

我很好奇到底是怎麼一回事，便詢問她，她說：「其實我在推銷壽險，最近我跟公司提離職，老闆卻對我說：『那妳去找一個能代替妳的人來公司！』」

現在仔細想想，那個人應該是自僱業者，可能是因為簽下某種契約才這麼做。

不然，要不要離職應該是她的自由才對。雖然聽起來好像有點不合理，但那時我只想著：「原來是這麼一回事。」也就是她說的：「能拜託這件事的，也只有堀野太太了。」

看她這麼煩惱，我原本只是想去露個臉幫幫朋友，沒想到對方公司卻充滿熱情的迎接我。

靠著拉保險的研習課程打下基礎

當我到營業處，辦好行政手續的隔天，就開始拉壽險的研習課程。首先，是練習如何在客人的家門前打招呼。

當時的住家門口還沒有對講機、也沒有電鈴，只能站在門前說：「不好意思。」向裡頭的住戶搭話。模擬的場景是，當太太打開家門出來後，要立刻禮貌的問她：「請問您是這家的夫人嗎？」如果客人家的庭院正盛開著花，就要讚揚：「夫人種的花真是漂亮。」透過閒話家常卸下對方的心防，直到讓我們進門為止。

每天日復一日的練習，差不多過了一個月後，便開始登門推銷。以我來說，因為這份工作不是我想做的，我一點也提不起勁。但是既然決定要做，就得成功拉到業績、簽約，於是我依然努力的工作。

沒多久，銷售業績就進入排行榜

開始上門推銷後才知道，有很多太太很想買保險，但必須先徵詢先生的意見。因此，我會特別等到晚上先生們回到家、吃完晚餐後的悠閒時刻，再登門拜訪。

多虧這樣的方式，我的業績也提升了，入職後很快就進入銷售排行榜，還被銷售處處長稱讚：「之後也很期待妳的業績。」

然而，在開始推銷壽險後過了幾個月，有一天我突然感到腹痛。我趕忙要先生開車載我到急救醫院，經由檢查發現，原來我得到了俗稱的盲腸炎，也就是闌尾炎，當下立刻動手術治療。

當然，暫時也無法繼續推銷壽險了。這時，我在病床上仔細思考：「拉保險的工作，還是量力而為好了。」

我的業績很好，也因此獲得很多收入，但我還是覺得無法繼續推銷完全不喜歡的商品。既然已經盡到對朋友的道義，也剛好到一個段落，於是我選擇離職。

10

即便不想做，也要去嘗試

我因為盲腸手術的契機，辭掉推銷壽險的工作後，終於如願以償，成為POLA化妝品銷售員。而這個機緣，就如同我前面提到的，是偶然發生的事。

有一天，我在路上突然遇到老友，聽她說：「我先生最近開了POLA化妝品的營業處。」當下的震驚，我至今都忘不了。

我不太喜歡輕率的用「命運」這兩個字，但那時我強烈的感受到：「這就是命運啊！」因為，我覺得這世上再也沒有人，比我更愛用POLA的化妝品了。

我平時就喜歡用這個品牌的化妝品，和鄰居太太們閒話家常時，一提到美容的話題，我就會熱情的分享POLA化妝品的優點。結果，大家也會充滿興趣的說：「我也想要買。」就如同前面描述的狀況。這樣看來，或許我的天職，就是銷售POLA化妝品。

跑壽險業務帶來三件好事

前面曾提到，我不太喜歡推銷壽險，但我覺得當保險業務員還是有幾個好處。

第一，是簽約成交的數量越多，收入也會增加。過去因為一直為錢所苦，我很感激能自己賺錢、不需要仰賴丈夫。

第二，則是讓我發現要做業務員的話，銷售的商品得是自己真正喜歡的東西、想深入了解相關資訊，並願意向他人分享產品的好處。

反正都要耗費相同的時間跟勞力，不如銷售自己也會內心沸騰、能開心推銷的產品。

最後第三，是讓我發覺自己很適合推銷、跑業務。

我有能力推銷討厭的保險，而且業績還不錯，這讓我產生了龐大的自信。要是我能推銷喜歡的商品，那麼業績一定會比推銷保險更好。

即便不想做，也要去嘗試，事情發生必有因

會推銷壽險，不是因為我特別喜歡才開始，還不如說是因為拒絕不了朋友的請託、不得已才踏進去。但是從結果來看，卻帶給我無比的領悟。

不是常會有一些狀況，是當下不知道為什麼，後來才發現這個經驗難能可貴，不是嗎？連試都不試就厭煩、這麼錯過的話，那麼也就到此為止了。但如果實際嘗試，或許就會發現自己出乎意料的一面。

雖然推銷保險沒有持續很久，但這段時期也可說是「天職＝推銷POLA化妝品」的準備期間。

總而言之，人生中沒有一件事是毫無意義的。

第 3 章

由衷感謝自己還能工作

1 珍惜與客人的關係

我一向使用化妝水、乳液、乳霜的三件套組，在我體會到肌膚變得濕潤、光滑後，便開始向大家推廣一定要用這個組合來保養。

要說從沒想過如何更有效率的販售、提升業績，那是騙人的。但比起業績，為了獲得最好的保養效果，購買三件套組商品還是最適合，這是我作為第一愛用者能拍胸膛、掛保證的。

這三件保養品是基礎中的基礎，使用後能有效改善肌膚狀況，如果再擦上粉底，就能變得非常漂亮。

當然，使用這個套組保養之前，可以再搭配卸妝水或是洗面乳等，只不過一次推薦這麼多商品，反而會讓對方覺得：「我沒辦法買這麼多！」、「這個人是不是在強迫推銷？」

所以一開始，我只會推薦最基礎的化妝水、乳液、乳霜，這三件一套的組合。

除了業績，也想看見顧客變得更美

對美容有興趣的人，都會閱讀雜誌等資訊，了解按照「化妝水→乳液→乳霜」的步驟保養有多重要，但幾乎大多數的人，實際上只會使用其中一種。

這時我就會提到：「洗完臉後請擦化妝水。」先告訴客人擦化妝水的好處（補充肌膚水分），再接著說明：「然後要塗乳液。乳液能防止水分蒸發，也可以保護肌膚免於風吹等外在刺激。」

「最後的乳霜則像是在臉上貼上一張膜，能將滋潤感鎖在肌膚裡。」我會像這樣，一邊向大家說明、一邊讓他們實際擦上保養品、感受質地觸感。如此一來，大多數的太太們就會接受我的解釋並決定：「那，我想要買三件的套組。」

如果顧客說：「我知道這是很好的保養品。但是要一次付清的話，實在有點困難……。」這時我會告訴她：「不用擔心！也可以每個月分期付款。」最後順勢推薦分期付款。

當時我曾是透過分期付款，這幫了我很大的忙。重要的是，我十分期待看到眼前這位客人，在用了POLA化妝品後變得更漂亮。

每位客人一聽到我說：「分期付款也可以。」大家都會眼睛一亮、開心的表示：「可以分期付款的話，我也能使用了。」

推銷的重點——珍惜與客戶的關係

果然，強硬蠻橫的推銷，客人也不會買單。正因為我推薦的是真心認為優質的商品，客人才會購買。

而且，能透過分期付款，販賣這種稍微高價的產品，給和我家一樣的上班族家庭，這種機制在當時各式各樣的產業中都很受歡迎。因為那時的日本處在高度經濟成長期，每年的薪水都會調漲，正是通貨膨脹的年代，所以分期付款對上班族家庭來說不是壞事。

另外，從現實面來說，分期付款對我有很大的優勢。因為一旦客人選擇分期付款，我就能以收錢的名義，每個月到客人家拜訪一次，這可說是銷售上很重要的接觸機會。

銷售商品、跑業務，重要的是如何維繫關係、又不讓客人厭惡，接下來的重點是如何順利傳達商品優點、進而簽約成交。

要是能以上門收費的形式，讓客人允許我們拜訪，就能順利獲得推銷的機會，像是：「說到這個，下次公司預計推出這樣的新產品。」對買方來說，能輕鬆買到想要的商品；對賣方而言，這種銷售方式也有很大的好處，我十分喜歡。

2 靠口碑幫我推銷

應該有不少人覺得，推銷商品很痛苦，對吧？

尤其我從事的工作，是沒有事先預約，直接挨家挨戶拜訪，也就是所謂的上門推銷。一般往往認為，光是讓顧客願意開門、聆聽商品介紹，就很困難了。但是我不認為上門推銷有多麼辛苦。這或許是因為，我曾有拉壽險的經驗。

過去我曾在人壽保險公司，花了一個月的時間，徹底接受教育訓練，包括有禮貌、讓人舒適的打招呼、解除對方防備心的方法，還有如何談話才能讓對方願意讓我們進入家裡推銷。現在這些訓練都派上用場了。

更何況，我銷售的產品還是自己愛用、最喜歡的化妝品。

每一次向顧客推銷時，我都希望引出客人本來就有的光芒，還有讓更多女性了解變美的喜悅。

對誰都會吠叫的狗，卻對我很友好

話說回來，過去曾發生一件有趣的事。

某位客人的家門外有一間狗屋，她養了一隻混種的中型犬。

當我經過狗屋，走到客人家門外敲門時，那戶人家的夫婦一開門就驚訝的說：

「哎呀，狗居然沒叫。」

一問之下才知道，原來在這一帶，這隻狗是出了名的愛吠叫，似乎不太親近人。即使是經常來訪的朋友和親戚，這隻狗也會對著他們狂吠，太靠近甚至還會被咬，被大家認為是一隻不可愛的狗，但我覺得牠還滿可憐的。

然而，別說牠看到我沒狂吠，甚至還很高興的搖尾巴。「這隻狗第一次沒對人吠叫！」這對夫婦驚訝的同時、也很開心，我自己也很高興，能被這隻狗認同。

我先生愛動物愛得不得了，他很會照顧狗和貓，連帶的讓我也受影響，很親近貓狗。動物是很敏感的，或許是那隻狗從我身上感覺到「很愛動物的氣息」。也多虧那隻狗喜歡我，讓這家的太太跟我買了很多化妝品。

不要只想著賺錢，更該珍惜人與人之間的緣分

我就像這樣，每天勤勞的四處跑業務、開拓新顧客，一個月差不多能與五十位顧客約好「下個月再度拜訪」。

其實這跟我愛聊天的個性也有關係，每次都會和客人聊得很起勁，然而，一天內能拜訪的人家，分別是上午和下午各一家。

假設下個月要拜訪五十戶人家、一天能跑兩家的話，大約會工作二十五天。如果客人數量再增加，或許就得對不起一開始結緣的客人了。

於是我收起多餘、不必要的野心，從第二個月開始只拜訪既有顧客，不再上門

推銷、開闢新客戶。即便如此，老顧客還是會透過口耳相傳、向朋友介紹、幫我宣傳，所以我的業績還是不斷上升。

甚至還有客人會組成團體，等待我拿商品上門介紹。這時，大家會以我為中心聚在一起，像是參加沙龍一樣。這對專業的主婦來說，正好可以當作一點點空閒時光的娛樂，說不定她們把拿來購買化妝品的費用，當作是繳交沙龍的參加費。

想要努力賺更多錢，與其強迫客人，不如好好珍惜他們，自然就會拓展緣分。接著，一邊享受和客人之間的關係，也能讓我順利銷售化妝品。

3 入職第一年就拿到「最優秀新人獎」

有一件事，是我後來聽人家說了之後，才恍然大悟。那就是我推銷產品的方式，不會讓客人產生抗拒感。

話雖如此，我並不是刻意這麼做，最大的原因或許是每個月跟客人見面，較容易讓客人感到親近。至少我確實感受到，和顧客見面就像是私底下和朋友會面，一起開心聊天，早已跨越了賣方與買方的隔閡。

如此一來，在對話的過程中，便能輕易的創造機會，介紹客人從未使用過的化妝品。

業績成果，連自己也十分震驚

這種推銷方式，讓我在成為POLA化妝品銷售員的一年後，得到最佳新人獎，獲得肯定。

我一整年的營業額有五百萬日圓。如果以現在的貨幣價值來看，數字應該會更高。因為當時一瓶乳液的價格才兩百五十日圓。不知道為什麼，我只記得乳液的金額，卻不記得化妝水跟乳霜的價錢，但要是客人買了三件一套的組合（化妝水、乳液、乳霜），營業額就是八百日圓左右。

以這個為基準的話，我一年內總共賣了多少套化妝品出去？五百萬日圓除以八百日圓，也就是六千兩百五十套。一年三百六十五天，假設每天工作的話，等於我一天就賣掉了十七套。

福島的人口沒有東京那麼多，過去的我也只是個普通主婦，卻能拿到銷售業績第一，讓周遭人都很驚訝。

當然，比起別人，我自己才是最震驚的。

以我的認知來說，其實每一位客人，我每個月拜訪的次數只有一次。我只是開心的和客人聊天，一邊收錢，順便讓她們買一些需要的產品，不斷重複這樣的方式而已。

人一受表揚，就會更努力

我從未想過會成為最佳銷售小姐，更別說我根本不曉得公司有最佳新人獎這種表揚制度。

我原本沒有任何期待，因此反而格外開心。我由衷的覺得：「如果有這麼好的制度，那麼我想一直擔任銷售員。」

新人獎的頒獎典禮，是在東京的某間飯店舉辦。我原本以為除了我以外，還會有其他領獎的同仁，很期待能見到同是銷售化妝品的人，結果只有我一個，讓我有點沮喪。

不過，那天的天氣晴朗，我至今還記憶猶新。我當時為了頒獎典禮，還去買了長禮服跟高跟鞋，那股興奮感至今仍鮮明的留在腦海裡。

話說回來，我後來就把那件長禮服收到儲藏室裡，事隔好幾十年後才再拿出來比比看。沒想到，當時長裙的長度明明還很搭配自己的身高，現在卻多了十幾公分。果然隨著年齡的流逝，身高真的會越來越矮。只有這時，才不得不面對自己的年紀。

4 新產品銷售前我自己先試用

一開始便達到意想不到的好業績，甚至還獲得獎項，對我來說是很大的鼓勵。因為POLA化妝品的銷售是採佣金制，當然會想多賣一點，賺取更多收入，但是我從不曾覺得「反正只要賣出商品就好」。

或許會有業務員感嘆，得向討厭的客人擺出好臉色、低聲下氣很痛苦，但我至今為止，都不曾這樣想過。

這或許和以個人為對象的推銷方式有關。

人們常說「以心傳心」，就是把自己的想法傳達給對方，自己也大概會了解對方想表達的意思。一旦上門推銷、跟客人面對面接觸，也能感受到客人是否接受自己，或是覺得很困擾、想要拒絕等情緒。

相信自己賣的商品有價值

要是碰上有點討厭自己的客人，我會想：「唉，這個人現在不需要這種商品，也不想跟我互動。為了不要造成她的困擾，還是先離開好了。」不需要一直糾纏下去。

我覺得，與其努力說服厭煩、抗拒的客人購買，還不如把這段時間拿來和稍微對商品感興趣的客人互動，跟更多人見面。

經常有客人對我說：「只要聽過智子太太說明，就非常想用看看。」

每次公司推出新產品，我自己親身使用後，都由衷的覺得「真是很棒的商品！」或許是因為心中的想法溢於言表，成功傳達給客人，讓客人也想試用。

你的熱情一定能傳達給對方。至於這份熱情是讓人鬱悶？還是產生興趣，讓客人覺得：「我也想試用看看！」全靠對方決定。

我打從心底喜歡ＰＯＬＡ化妝品，所以才能熱情的說明產品多好用。因此，即使是比較高價的產品，客人也會理解並購買。

我的心中一直抱持這股信念：「我銷售的產品，一定有相應的價值。」所以說不定我介紹產品時，讓人覺得很積極。

但我想，如果沒有這樣的心情，我也不會創下亮眼的業績。

5

不能讓親人知道的事，客人會說給我聽

我推銷時，很重視以下三點：持續對販售的產品感到驕傲、受客戶信賴、彼此心意相通。

即使是現在，我也覺得對客人來說，一個月大約見一次面的距離感，讓對方很輕鬆。人們總有些話，無法對親人說出口，像是「不想讓常見面的人知道這種事」，當然也有可能只是不想讓對方擔心。

根據情況不同，顧客可能也會擔心：「這個人會不會在某個地方說出來，讓其他人知道？」

從這一點來看，如果想要坦白一些沒辦法向熟人說的事，最好的對象，就是住在稍遠一點的地方、平時不會進入彼此日常生活的銷售員，也就是像我這樣的人。

當然，我絕不會把客人的私事，說給其他顧客聽。正是因為確實守護客人的祕密，對方才能卸下心房，吐露內心的想法。要是引起傳言，「那個人到處跑業務，聽過很多人的祕密，還到處亂說」，可就攸關自己的信用問題了。

6 一共寫了六十年的「顧客業績帳簿」

說起來，客人們真的很照顧我。

例如，有一位客人很喜歡旅行，去過很多地方。她的先生似乎從事出口紡織品貿易，所以她每次出國，都會帶伴手禮給我。

她會買閃閃發光、作工精緻的別針，或是在製作陶瓷的知名產地，購買陶碗等禮品送我。

另外，有一家醫院的院長夫人，也對我十分友好。

第一次見面時，我就覺得彼此意氣相投，當我向她介紹「公司最近推出了這樣的新產品」，她每次都會購買。

甚至有一次，公司首度推出了一款三萬日圓的乳霜，當下我覺得「這的確是很好的商品，但應該沒有人會買這麼貴的乳霜。」可是，這位夫人在試擦後，卻對我說：「這個乳霜真好用，我要買。」

雖然一方面覺得，或許因為她是有錢人，另一方面我也明白，客人會願意付錢買真的覺得好用的產品。

因此，這件事激勵我，後來也順利賣出更多高價的乳霜。但是許多這樣的客人，後來都過世了。畢竟我活到了一〇二歲，這也是沒辦法的事。

一路以來累積的顧客業績帳簿，珍藏了回憶

自從我開始推銷化妝品，就一直記錄著我獨創的「顧客業績帳簿」。帳簿裡記錄了所有必要的事項，包括客人的姓名、住址，以及後來家庭電話普及後、客人的電話號碼，還有什麼時候買了什麼、花了多少錢，收到每月分期付款

的日期及金額等。

我至今一共寫了六十本，綁在一起放在緣廊的置物櫃之中。

自從有一次，來採訪的記者問我：「請問您有沒有留下什麼物品，是跟工作回憶有關的？」我就會把這些帳簿拿出來讓他們看。

記者還問我：「居然有這麼多！堀野女士，妳都記得所有的客人嗎？」其實我還記得幾乎所有的人。

每當我看到這些筆記本

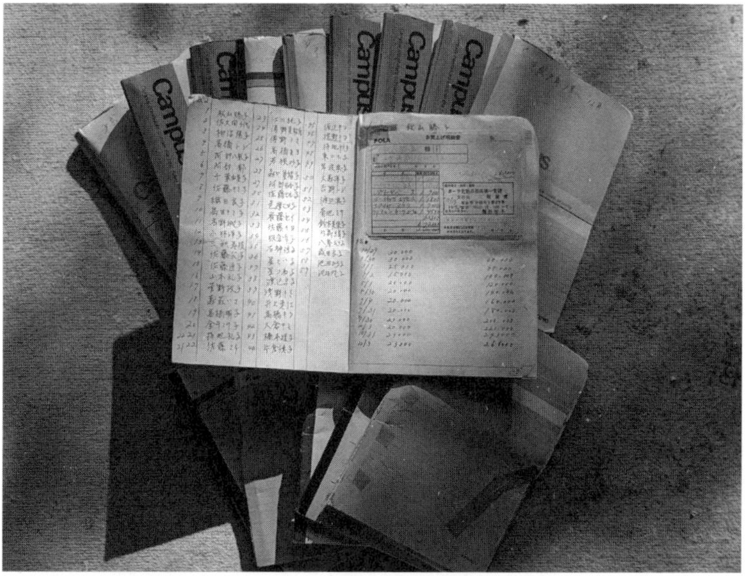

圖①：過去六十一年來持續記錄的顧客業績帳簿（圖中只有一部分）。

（帳簿），就會想起過去曾向我買化妝品的客人們，其實很多人都過世了，想到這裡，哀傷便湧上心頭。

因為與許多客人長久往來，所以回憶還很鮮明。我只要看到名字，就會想起：「我和這個人聊過這些話！」、「這位客人總是喜歡新商品，每當公司推出新產品，她就會立刻買下來。」真是令人懷念。

俗話說：「擦身而過也是前世因緣。」我作為銷售員，能和客人長期來往，可見也有相當的緣分。正因為有這些顧客，才有今天的我，一想到這一點，心中便滿懷感激。

7 薪水後來比丈夫多三倍

前面提到的顧客業績帳簿，是我用來管理購買化妝品的顧客相關資料，我另外還得向營業處提交報告。

公司規定每當有銷售業績時，就得記錄該筆交易，包括是什麼樣的客人、花了多少錢、買了什麼商品等。

我都會遵守公司規定，一五一十的記錄客人的姓名、住址、消費金額等。但後來我才知道，跟我同時期開始擔任銷售員的其他五位同事，一開始會老實的交幾次報告，但後來就沒有人繳交了。

我過了好幾年之後才知道這件事。有位女同事當時還是行政人員、後來當上營業處處長，她跟我說：「只有堀野女士確實交報告。」我還因此嚇了一跳。

就連現在不用交報告，都讓我覺得不可思議，沒想到當時不交報告也行得通。

不當作副業，而是能賺得到錢的「工作」

當時的同事中，比起確實把這份工作當作正職的人，有更多人的心態應該是「聽說這份工作主婦也能做，就當作是賺零用錢，試試看」。

當然，我不是要批判誰，也完全沒有責備他人的意思。只是覺得過去就是這樣的時代，所以也存在這種工作方式。

我之所以能確實繳交報告，是因為我一直知道，主婦們賺零用錢的打工，根本無法滿足我。因為我明確的了解，要把它當作好好賺錢的「工作」。要是孩子們將來想上大學，我願意出錢。為了幫孩子們實現目標，自己去工作是最簡單、快速的方法。

當時日本處在高度經濟成長期，但人們還是認為：「丈夫要在外工作，妻子得作為專業主婦、守護家庭。」

那時出門工作的主婦，還沒那麼多。雖然表面上沒人說我閒話，但我或許也曾被認為「不得不外出工作，真是可憐」。

賺的錢是先生的三倍

但是，我自己從未這麼想過，反而覺得能外出工作，真是幸福。

因為能工作，代表我的身心很健康，能承擔責任，而且也是被顧客需要的。別說可憐了，我其實覺得很幸福……這才是我一貫以來，對於工作的看法。

再說，我先生在縣政府的薪水還是一萬日圓時，我的收入可是三萬日圓。妻子賺的薪水是丈夫的三倍，在當時可是很罕見的。

雖然我一直沒有告訴先生關於薪水的事，但是一想到「我賺的錢是這個人的三倍」，心情便相當舒暢。

為了先生的名譽，請容我補充一下，其實先生當時在縣政府不斷升遷、加薪，所以「妻子收入是他的三倍」時期，並沒有持續很久。

8 居然晉升為管理職

有一次，我的營業處處長找我，他說：「為了擴展銷售通路，公司希望堀野女士能管理營業處。」

要成為營業處處長，有幾項必要條件，像是必須維持、或是提升到一定的銷售業績、有固定的客戶等。如同前面提到的，我每個月都會準時繳交報告，或許是在行政事務方面受到了肯定。我從未想過會升遷，但能獲得這樣的肯定，令我非常的開心。

話雖如此，但要擔任營業處的處長，不僅自己的業績要達標，今後的責任也越來越大，甚至不在家的時候也可能變多。

所以我想還是先跟先生談談，再決定比較好。結果，他很乾脆的說：「妳就去試試看，不是很好嗎？」

作為管理職的全新體驗

既然先生鼓勵我去做，那麼我也沒有不做的理由。

「我會盡全力努力，還請多多指教。」便正式接受了這個職務，以營業處處長的身分，在POLA化妝品繼續工作。

營業處的處長必須盡各式各樣的義務。

首先，必須每個月讓營業處的銷售業績達標，所以得為此確保一定人數的銷售小姐，也就是要找新人。為了統籌管理銷售小姐及學習新商品的知識，每個月還要舉辦一次聚會，也必須全面管理銷售業績、掌握行政事務方面等所有事情。

收入倍增，責任也是

要處理的事大幅增多，但優點是薪水也因此增加不少。營業處的房租由店長承擔，所以不是我的責任。而處長除了身為銷售小姐，可以拿到自己業績部分的抽成以外，還能從營業處整體的業績裡獲得幾％的報酬，甚至還有職務津貼等。

因此，這時期的收入，是過去當銷售小姐時的二．五倍到三倍。剛好我的二兒子這時就讀先生的母校早稻田大學，多虧收入增加，我才能匯生活費給兒子。

雖然給兒子的金額，沒辦法像先生當初上大學時，在滿鐵的公公寄給他的那麼豐厚，但以當時的大學生來看，應該也給了兒子足夠的生活費才對。

當營業處處長，最辛苦的是管理

再加上這個時期，我還能存到一定程度的錢，真是十分感激。

人生中總是會有存得到錢、以及不管怎樣都存不到錢的時候，對吧？對我來說，擔任處長的時期，就是存得了錢的時候。再加上當時郵局和銀行的存款利息都很高，才能順利存到錢。

要是只靠先生的薪水過活，我大概都只會花在生活費，沒辦法匯錢給兒子，也沒辦法儲蓄了。

每當我接受採訪時，經常會被問到：「當營業處處長時，有什麼辛苦的事情嗎？」只不過我留下的都是快樂的回憶，所以不覺得辛苦。

不過，真要說的話，我過去一直煩惱「得趕緊找到能一起工作的人」。因為經營營業處，必須有一定人數的銷售小姐。或許在僱用方面，才是最花費心力的。我想每間公司都遇過相同的問題，人真的難以捉摸。

面試時，每個人都會展現積極的一面，態度也很好。雖然一般常說「人會取決於第一印象」，但即便第一印象很好，也不代表確實有工作能力，或對工作有企圖心。

我也挖角過不少人才。看著自己挖角來、錄用的員工獲得成果時，甚至比自己的事還來得開心。

9

我的領導座右銘——「不偏袒」

我讀女學校時學過簿記，所以剛開始擔任營業處處長時，我也負責會計事務。可是後來規模越來越大，自己還得跑業務，沒辦法獨自同時處理營業處的行政事務，所以我找了值得信賴的小學同學擔任事務人員，讓我減輕不少負擔，幫我了很多忙。

營業處的員工，多的時候有十人以上。話雖如此，大都是每個月一次的聚會，或是為了拿商品給客戶時，大家才會聚集在營業處。因此，雖說是營業處，但其實滿自由的，作為組織的束縛也比較少。

其中，有些銷售員努力提升業績，但也有銷售員的業績是靠自己花錢買、自用，或只讓少許朋友及認識的人購買。

成為領導者後，唯一特別注意的，就是不偏袒

每個人都站在各自期盼的立場，以自己期望的方式工作，所以都沒有特別強烈的不滿。像我一樣想多賺錢的人，只要努力拉業績就好。至於只想賺到滿意的收入的人，也沒有關係。

因為我已經養成習慣，不會特別顧慮誰，自然與人相處，所以面對營業處的所有同仁時，也沒有需要特別在意的事。

唯一會注意的就是「不偏袒」，只有這一點而已。

無論是對銷售業績亮眼的人，還是業績欠佳的人，我都一視同仁。雖然我覺得大家經常偏袒、愛護我，但也確實受到大家照顧，我一直感謝在心。

對待大家一視同仁，發零食也是

但是，這件事另當別論，我認為身居上位的領導者，應該平等的對待部屬。或許受偏袒的人會很開心，但是不被偏袒的人，不就會很寂寞嗎？所以，對待大家都要一樣。

私底下的相處方式也相同。無論是經常見面的人，或是偶爾才見到面的人，我都同等對待，就算是現在也不曾改變。

每個月營業處的聚會，是所有同仁面對面的唯一場合。

我一直想讓聚會更愉快，所以在成為處長之前，就經常帶著零食去參加。因為我們家總是會收到各式各樣的食物。要是有袋子的話，我就會另外分裝，有多少人就帶多少份。要是沒有袋子，就會當場分零食給大家。

如此一來，大家就會覺得「堀野太太都會帶零食」，只是一開始時，大家都還特別向我道謝，直到後來才不見外的收下。

10 當主管後，我照樣帶頭衝業績

營業處每個月的業績目標是兩百萬日圓。當時各個營業處也有業績排行榜，如果達到兩百萬日圓以上，就能進入前段名次。

為了提升營業處整體業績，身為處長的我，也必須非常努力衝業績，作為模範才行。

果然，領導者如果做出成果，就能激勵所有成員。

多虧我的同學來營業處擔任事務人員，她很聰明、動作俐落，又很照顧營業處的其他同仁，真的幫了好大的忙。

因此，我不只能安心的把行政事務交給她負責，她也能不嫌棄的一一處理好各種雜事。

幸運的機緣與相遇，我才能集中精神工作

她來營業處之前，都是我一個人負責開箱、確認ＰＯＬＡ總公司寄來的商品，並按商品別放上備品架。

雖然營業處規模不大，上架商品也不會花太多時間，但是因為我還有會計等行政事務，工作量自然會變多。所以能把行政事務與商品管理交給她處理，我真是感激不盡。

再加上營業處的地點，對我來說也非常幸運。

沒想到，營業處隔著一條馬路的對面，就是先生上班的地方。工作時，距離近到幾乎能一眼看見先生跑外勤回來，把車停在停車場。因為我先生開車通勤，所以有時快下班前，我們會相約一起回家。跟搭公車回家不同的是，搭先生的車回家

時，身心放鬆的程度完全不同。

幸好有能力強的同學當事務人員，還有能一起開心坐車回家的先生，我才能在擔任處長時，集中精神工作。

我的銷售業績一個月大約六十萬日圓左右。我挖角過來的人則是第二高，一個月大約三十萬日圓左右。以營業處整體的業績來說，每個月能夠達到約一百八十萬日圓。

設定共同目標，提高士氣

營業處在福島的銷售業績排行屬於前段，因此聚會時，大家士氣非常高昂。

每當公司推出新產品，首先會召集處長去上課，學習新產品的相關知識及使用方法。接著再各自回到營業處，作為講師指導所有銷售小姐。

不只是我努力學習新商品的知識，其他同仁也都抱持熱誠學習。

每個月一次的營業處聚會，會花上一整天。我們早上十點先集合，接著報告營業處的業績狀況，並舉辦新商品的讀書會、學習知識。

到了中午，大家會一起吃預訂的外送便當，我也會帶點心請大家吃，所有人一邊喝茶，度過平和悠閒的時光。

接著信心喊話：「下個月的業績一定要達到兩百萬日圓！繼續加油！」彼此間便會產生向心力，也會發憤工作：「明天開始更努力！」

第 4 章

感謝困境中發生的幸福

1

先生退休了，我被他強迫離開管理職

我總是精神百倍，擔任營業處處長時期，也特別有精神、充滿能量。管理整個營業處的業績和員工等，責任非常重大、每天都很忙碌，但我從未覺得壓力龐大，也不會想著「好慌忙、真是煩人」。不如說，我反而覺得要盡情享受這一切！

每當拿到新產品的試用品時，我會化身為第一位消費者試用。自己先體驗化妝品用起來的質地和觸感，才會知道適合什麼樣的客人。

由於所有客人的資料已經輸入我的腦中，自然而然就會想到如何推薦給客人，例如：「某某太太現在正在使用商品A跟商品B，要不要再加上這個新商品，讓肌膚變得更好？」像這樣，光是在腦中擬定推銷計畫，就讓我開心得不得了。

意料之外的事十有八九，包括老公

營業額不斷成長、營業處充滿活力的氛圍，讓我覺得很有價值。

然而，有一天，這種愉快生活的終點突然到來。

起因是我先生將要屆齡退休。當時的退休年齡是五十五歲，比現在還要早非常多。

因為他是縣政府的公務員，退休後若是想繼續工作，可以透過類似「空降」的形式，從公職轉到相關的民間企業就職，但他說想把時間拿來享受興趣「長唄」（按：以三味線伴奏的歌曲，原是歌舞伎表演的配樂），所以確定要退休。而且，他還說「要帶上我」。

先生說：「妳要繼續推銷化妝品也沒關係。反正我之後會有很多時間，可以開車載妳到處跑業務，但是不要再持續長時間不在家的工作方式了，也希望妳辭掉營業處的處長。」

也就是說，他退休後，會一個人長時間待在家裡，無法忍受寂寞。所以他大概希望我一起辭掉工作，不要讓他孤單一人。

關於這點，連我自己都驚愕不已。

總是珍惜當下、拚命努力

我一直以來都是活在當下，所以幾乎不記得在哪一年做了什麼事。但是只有當時的事情，我還想得起來：「我做了十五年的營業處處長，至今為止建構的這一切，難道都得全部放棄嗎？」

對我來說，這真是很罕見，我居然記得自己做了十五年。

每當我告訴年輕人，先生要求我辭掉處長的事，他們都很吃驚：「咦？所以您就乖乖接受先生的要求嗎？」

在現今這個時代，我先生當時的說法可是行不通的。

「貫徹到底」的爽快

雖然我的觀念感覺似乎很新穎，但畢竟從小接受的，是二次大戰前男性優先社會的教育。

當下我沒有想到反駁，只覺得「既然先生這麼說，也沒辦法」，於是辭掉了處長的職務。至於為何能這麼果斷的放棄，或許是因為我一直自負：「一路走來，已經用盡全力努力了。」

雖然不是依循自己的意願離開職位，但我也覺得很有成就感：「作為營業處處長，我已經把該做的事做完了。」

另外，就是先生也贊成我繼續銷售化妝品，他告訴我：「能開車載妳跑業務。」這對我來說也是很大的誘因。不管怎麼說，體力上我也會輕鬆一點。

因此，綜合判斷起來，我覺得或許聽先生的話，也是不錯的辦法。

此外，我雖然也會覺得，好不容易做到這個程度，放棄也滿可惜的。但內心同時也會想：「這或許也是恰當的時機。」我的個性比較隨波逐流，既然面臨「強制結束」的時刻，便會覺得說不定結束也有它的意義。

作為營業處處長，我已經做了所有想做的事了，也覺得這或許是前往下一個舞臺的時候，於是接受了先生的提議。

2

閑閑的他開車載我跑業務

當我向統籌業務區域的經理提到：「因為這樣的緣故，請讓我辭掉營業處處長。」雖然經理當時嚇了一跳，但也沒有挽留我。

比起現在，當時的氛圍還是認為一家之主的意見優先，所以都會覺得是因為先生退休才離職，也沒有什麼理由反對。

不僅如此，因為我不再擔任處長，營業處也關閉了。

事前我也已經向營業處的夥伴說明原因，並拜託他們：「請大家各自去想去的營業處吧。」

我則是回到了最初所屬的營業處，結果有一半的成員也跟著過來：「我們想繼續跟堀野太太一起工作。」還是讓我十分開心。

離開處長職位，反而能回歸初衷

從此我不再是營業處處長，只是銷售員之一，所以薪資也回到了從前的水準。

我一直以來，都是為了讓更多客人開心、以及增加自己的收入而上班，所以看到薪水減少，說實話真的有點可惜。

但是從結束處長職位，再次回到最初的立場來看，我覺得這樣也挺好的。仔細想想，為了孩子們的教育花錢的時期也結束了，所以我不需要再像過去那樣辛苦跑業務。

如此一來，也不用在意營業處的業績，更不用花費心力聘請人員，我只要集中精神思考如何與客戶建立關係，這絕不是壞事。

不如說，能回到初衷，真是太好了。

比起失去的，更要想想現在擁有的

甚至，以後還有我先生充當司機。我不會開車，所以無論去哪裡跑業務，都必須靠雙腳行動。相比之下，自從坐先生的車、到處跑業務之後，真的輕鬆不少。

我再次深切感受到，看事情的角度不同，結果也會不一樣。

與其計算失去多少東西，不如重視現在擁有的會更好。

漸漸的，我自然而然的認為，放下營業處處長的職位，才有機會獲得對我而言更輕鬆的工作方式。

3 體諒那些傷害自己的人

在這樣的情況下，我心念一轉、又開始開心的工作，但似乎有人對我很感冒。某一次營業處聚會時，我跟往年一樣帶零食去分享，「各位一起吃吧」，這時卻有一位同事看起來不太開心。

基本上，我很快就會忘記討厭的事，我也不太記得，對方的態度實際是如何。但唯有一件事，我記得很清楚。

因為當時聚會的日子接近情人節，所以我帶巧克力去。當我把巧克力分給大家時，那個人居然說：「我最討厭巧克力！」

我當下只覺得她可能講話很直接，所以沒有特別說什麼，只回她：「咦，是這樣嗎？真抱歉。」也沒有硬塞巧克力給她，而是收了起來。

然而，周遭人一開始都目瞪口呆，後來甚至可以聽到他們竊竊私語：「因為堀野太太看起來很幸福，她是不是在嫉妒啊。」

之後，還有同事跟我說：「她剛剛講話太過分了。堀野太太的業績這麼好，還有那麼溫柔的先生當司機，我想她一定很羨慕。」聽到這番話後，我反而學到了：「原來如此，也有人是這麼想的。」

負面情緒不會帶來任何好處

雖然這不是什麼愉快的經驗，但我不會因此討厭她或恨她。原因大概是我不會被對方的負面情緒影響，也不會排斥負能量。因為即便被負面情緒左右，也不會有任何好處。

順帶一提，我忘記這是什麼時候的事了，但我曾遇過一位客人，她賒帳買了四萬日圓左右的化妝品，最後卻沒有付錢。

她是我首次接觸的客人，又說「想要約在外面見面」，於是我和她約在咖啡廳聊聊，她也跟我買了化妝品。

那時她告訴我：「請妳下次再來這家店跟我拿錢！」也給了我地址，所以我就照她給的地址去收錢，沒想到該店店長卻告訴我：「那個人已經離職了。」

體諒傷害自己的人

她好像在這家店打工沒多久，店長也不知道她家的地址，更不知道她離職後去哪裡工作。我只好放棄：「看這個樣子，錢是收不回來了……。」

結果，只留下被欺騙的殘局。因為我已經把商品交給她、也列入了銷售額，最後也只能自己掏腰包支付這筆費用。

仔細一想，這件事其實很過分。我周遭的人都十分憤慨，但我當時只想到對方的狀況：「原來這世上會有人做出這麼過分的事。看來她或許有什麼不得已的苦衷。」

透過這件事，我再次體會到，自己果然具備不被他人負面能量影響的感性，所以才能一直保持平靜的心。這正是「鈍感力」的恩賜，或許正是因為這樣，我才能長久持續工作到今天。

4

八十三歲的我，家庭事業兩頭燒

自從我過了八十歲後，來往的客人便陸續離開這個世界，我的先生也在與疾病搏鬥。大約從十年前開始，就一直說「那邊好不舒服」、「這裡好痛」，有一次竟然發現他長了息肉。

住在東京的兒子說：「想讓爸爸接受最好的治療。」於是便讓他去東大醫院（東京大學醫學院附屬醫院）住院就醫。其實，從東京的住處搭一班公車就能到達醫院，但因為每天都得去，實在很辛苦。

說起來，他當初在福島的家中，都承受不住一個人寂寞，讓我辭掉營業處處長，往後要是一個人待在病房，連說話的人都沒有，一定很孤單。

那時行動電話剛開始普及，我們夫妻倆也各有一支手機。有一次，我走在醫院的走廊，先生打電話來。他說：「太慢了！妳到底要讓我等多久！」讓我不禁感嘆，即便已經是年長者了，嬌生慣養的個性還是沒改，總是只想到自己。

這種情況連兒子也看不下去，他說：「這樣下去，媽媽妳也很煩惱吧，之後六、日就別來醫院探病，讓身體好好休息。」但是，這樣還是行不通。先生一直堅持要我「每天過來」。

一邊照顧丈夫、一邊應對客人

我在東京待了一個月左右，那時都是透過電話接客人的訂單。因為先生住院，我必須陪在旁邊、照顧他。但這是我私人的事，可不能因此讓顧客困擾、感到不便。

當時一接到訂單，就得聯絡營業處，請同事幫忙將商品寄送給客人。為了應對這種情況，我可是把所有客人的聯絡資訊，一起帶去東京。

那時一個月的業績目標是二十萬日圓，幸好最後仍能維持住，我才鬆了一口氣。先生住院時，我八十三歲，想到那時我竟然還能想著如何張羅工作的事，就不禁笑了出來。

感謝苦境中發生的幸福

回到福島後，我向客人收款時，發現大家都備妥恰好的金額，完整的交給我。我記得，後來拿出帳簿對帳時，看到結帳的數字也剛好吻合，內心不禁浮現感激的心情：「竟然有這麼好的客人在照顧我。」

連營業處的人也對我說：「我們營業處多虧了堀野太太的業績，您不用勉強沒關係，在盡可能做到的範圍就好，希望妳能繼續工作下去。」所以能這樣一直工作，我也很開心。

除了自己的業績目標，我更在意的，其實是不想給營業處的人添麻煩。

至於每個月都會參加的營業處聚會，因為先生住院的關係無法參加，我想至少盡一點心意也好，便從東京寄點心過去。

5

九十七歲時我骨折住院，隔床病友變客戶

我從未生過大病，卻在九十七歲時，下公車一不小心跌倒骨折、住了院。那時會定期約見面的客人有八位，沒想到我連住院也能遇到新客戶。

住院時，我和同一病房的某位女性關係很好，甚至不曾把病床的隔簾拉起來，兩人總是開心的聊天。

有一次，她看到我早晚都會保養皮膚，便似乎很有興致的問我：「有沒有保養肌膚，會有什麼差別嗎？」我問她：「妳要擦擦看嗎？」就讓她試擦全套保養品，之後她也很滿意的向我購買。

人生不知道會在什麼地方、遇到什麼樣的人。對於這樣的緣分，我心存感激。

不論何時何地，相遇的人都能成為顧客

其他還有這類偶遇客人的經驗。現在我活到一〇二歲、依舊很有精神，但已經不像十年前那樣，出門走路的次數也越來越少。然而，有趣的是，我搭公車時偶遇的人，也變成了我的客人。

我住的地方雖然是在福島市內，但其實是郊外的區域，公車的班次非常少，因此大部分都在固定的時間搭車。自然也經常與同樣的人搭同一班公車。

如此一來，彼此就會從「早安」、打招呼開始，漸漸變成朋友，也會開始閒聊，像是：「妳家住在哪裡？」

如果那個人回答：「我住某某地方喔！」「那不是離我家很近嗎？」雙方便會像這樣展開話題，後來對方也常來我家玩。

在邊喝茶、邊聊天的時候，當我向她提到我是POLA化妝品的推銷員時，她

說：「我以前有用過。話說回來，我有一陣子沒有用你們家的保養品，我再來跟妳買好了。」偶然認識的人，因為這樣變成了客人。甚至到現在，我們都還保持聯絡，她偶爾也會向我訂購商品。

搭公車閒聊，也能聊出新客戶

有一次，我在常去的骨科診所外搭公車，認識了搭同一輛公車的乘客，彼此變得很要好。我們從閒聊開始：「身體哪裡不舒服？」我突然看到那個人的手，似乎有點乾燥。

我剛好手邊有護手霜，於是問她：「要不要擦擦看？」借給她用過後，她好像很喜歡。於是我和她說：「妳可以拿走沒關係。」便把護手霜送給她。

下一次見面時，她對我說：「上次的護手霜很好用，妳是在哪裡買的？」她因此成了我的顧客，現在也會跟我買很多商品。

這麼一想，我再次感受到平時就敞開心胸，不用太計較得失，多和各式各樣的人交流，也十分重要。

也就是說，對方根本不覺得我這個老太太會是銷售員，就算不為了推銷，光是隨口聊天也能防止老人痴呆，搭公車真的帶給我很多相遇。對我來說，公車真是惠我良多。

6

我可以聽客人講幾小時的話，也不嫌煩

過去六十一年以來，我都和顧客保持十分緊密的來往。

我現在的顧客群都是年長者。以前我常常親自將商品送到客人府上，但最近大都是營業處幫我送去。特別是新冠肺炎流行時，和顧客面對面交流的機會變得更少。

雖然稱不上是取而代之的方法，總之我常打電話聯絡顧客。

和我一樣丈夫離世、獨自生活，或是雖和孩子們同住，但是聊天的話題不合等，很多客人都需要可以聊天的對象。

因為我和他們長久往來，也互相了解彼此一直以來的事；似乎也因為藉由化妝品建立了關係，很多客人喜歡打電話找我。

讓對方講電話，講到滿意為止

我現在比以前更常待在家裡，但光是坐著什麼也不做，實在不符合我的個性，所以我會安排一些事情來做。再加上我自己住，時間上十分充裕。

因此，如果客人打電話來，大多數時候，我都會讓他們講好幾個小時，直到滿足為止。客人因為不知道我這邊的狀況，所以即便我有客人來家裡拜訪，也會有其他顧客打電話來，這時我都會很有耐心的和他們說話，所以還蠻多人感到驚訝。

總而言之，我聽說人類就是喜歡說話的生物，比起聽他人說，更會希望有人能聽自己講話。

我對於說話或是傾聽，都抱持「彼此互相」的態度。人們在談論與自己有關的事，往往沒有自覺。我認為，如果過於期盼對方能傾聽自己說話，那麼無論對方說了什麼，都聽不進去。

所以，如果對方有很多話想說，我會想著「自己也會有這種想說話的時候」，便能更用心傾聽對方想說的內容。

傾聽對方說話時，要謹記別否定或是批判對方，因為很難斷定他人是否正確或錯誤。我認為，視當事人的狀況不同，事情也會有所不同。

再加上，他人經歷的體驗與自己不同，單純傾聽別人講話，其實也很有趣。話雖如此，要是對方的話太多，反而會對來家裡拜訪的客人失禮，所以我會比平常更早讓客人掛斷電話……。

7 不遠不近的人際關係剛剛好

說到電話，以前有個同事總是對我愛理不理，但從某個時期開始，便經常打電話給我。這樣形容或許有點失禮，但她以前很難相處，幾乎沒有什麼人會跟她來往。

那時我從電話中感受到，她似乎罹患了老人痴呆症。因此，她或許也忘了曾經無緣無故討厭我。但我還是跟平常一樣，讓對方講到心滿意足為止，聆聽時還會附和對方。

有一次，我聽說那個人住院了，於是便去探望她，她的女兒一看到我就說：

「我母親總是打電話給您，真是抱歉。」

結果那個人卻說：「我根本沒有打過電話給她！」聽到她這麼說，當下我很震驚：「明明她那麼常打電話給我、跟我說同樣的事……。」

像我這樣，對任何人都親切、一概接納，所以經常被人說：「妳明明對誰都那麼親切，卻不會被騙、捲入紛爭，真是不可思議。」

還有人跟我說：「堀野太太能接納任何人，卻還能維持彼此的界線，所以妳雖然很親切，卻不會讓對方覺得可以利用妳的弱點、趁虛而入。天生就十分擅長交際。」我才恍然大悟，原來如此。

關係太近，反而傷害彼此

或許是因為我不想依靠別人，所以對方也不會依賴我。我想，一直以來能長久持續工作的理由之一，說不定是我覺得人與人的距離，不要太近，也不要太遠。

人們很常用「刺蝟」來比喻人跟人之間的距離。也就是說，距離太近的話，會傷害到彼此。我也是這麼覺得，關係密切雖然很好，但要是過於干涉對方的個人隱私，就會對雙方造成不好的影響。

話雖如此，我覺得人與人之間好不容易建立關係，要是只是表面上友好，也很無聊。不要過度探究對方的事，而是盡可能向對方展現自我……我想，這麼一來，自然就能順利的發展人際關係。

8

一〇二歲的我，也會用智慧型手機喔！

即使是現在，我也固定參加營業處每月一次的聚會、在讀書會上學習新產品的相關知識。要是自己無法確實理解，就沒辦法向客人完整的說明，銷售時也沒有說服力。要持續工作的話，就必須避免發生這類狀況。

我喜歡學習新知，這一點跟小時候一樣。

我以前上課時都很仔細聽老師講解，一邊看黑板、一邊讀課本；學到新知識後，總是會內心澎湃、雀躍不已。原來活到一〇二歲的自己，還是和小時候一樣，完全沒有變，我一想到這裡，就不禁笑了出來。

或許就是因為有這股好奇心，讓我直到一〇二歲還能繼續工作。

最近，我會用智慧型手機的事，總讓周遭的人十分驚訝，特別是年輕人。年長者對於別人用什麼手機，想必一點興趣都沒有。反倒是來採訪我的年輕記者們，經常說：「那個是智慧型手機吧？您居然能用得這麼熟練，真是厲害。」

常保新鮮的好奇心

大家都說年長者似乎不太會用智慧型手機，但對我而言，其實並不困難，甚至很快就能記住使用方法。

比起「我對這種東西沒輒」的心態，其實我更想接觸、想使用新事物。

古人的智慧有厲害之處，但是新技術或新機器等，能讓人類的生活更進步，也值得肯定。電話剛開始普及時，我曾當過接線生。育兒時承蒙俗稱的「三神器」——電視、洗衣機、冰箱的恩惠；電視節目開始播放時，也讓我盡情的享受了最喜歡的時代劇。化妝品也隨著時代不斷發展，讓我看到客人變得越來越漂亮。

隨著心境而變，越來越年輕

明明有很多又新穎又好的產品，卻因為覺得年紀大了，或是搞不懂、跟不上，就逃避學習的機會，實在很可惜。

我反而認為，正因為上了年紀，才更要積極接觸新事物。如此一來，既不會失去好奇心，還能維持年輕的心態，甚至還能防止老人癡呆。

身體會年年衰退，這是無可奈何的事。因為連機器也會有老舊、故障的一天。但是心態就不會，只要你想維持青春洋溢的心情，便能神采奕奕，一切都看你自己。

不要排斥新事物、不要覺得不懂就近而遠之，要先試著了解、多給自己機會嘗試、親自使用看看。我認為最無趣的是，固執的認為自己一定做不到。一旦覺得「我也可以做到」並親自嘗試後，很多人其實都能輕鬆上手。

第 5 章

不論做什麼，健康最重要

1 我的健康長壽祕訣

我在二〇二四年四月九日度過一〇一歲生日。大家一聽到我的年齡都很驚訝，甚至當我說：「我活到這個年紀，還沒有生過什麼大病。」、「我從來沒有使用過介護保險（按：日本的長照保險）。」大家更是眼睛睜得老大、吃驚的說：「好厲害！我沒有想過竟然有這樣的人。」

我的血壓和血液檢查，都在標準值的範圍內。

當然，跟年輕時比起來，我感覺雙腳和腰沒那麼有力，光是從席地而坐的姿勢站起來，就很辛苦了，所以我一直小心別受傷。

即便到了這個年紀，我也沒有透過長照幫助，自己一個人也能準備食物和洗澡，不會特別覺得有什麼困擾。

我真的很感謝母親，生給我一副這麼健康的身體。

擁有健康和幸福的五個條件

很多人問我：「您長壽的祕訣是什麼？」但我真的很難濃縮成單獨一件事。

我認為，是因為以下五點，現在

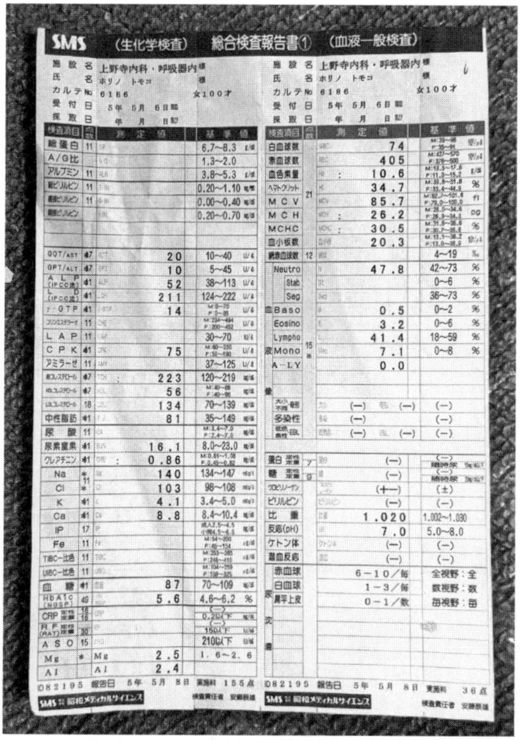

SMS（生化学検査）　総合検査報告書①　（血液一般検査）

施設名　上野寺内科・呼吸器内 様
氏名　ホリノ　トモコ 様
カルテNo　6186　女100才
受付日　5年　5月　6日
採取日　年　月　日

検査項目	点数	測定値	基準値	
総蛋白	11		6.7~8.3	g/dl
A/G比			1.3~2.0	
アルブミン	11		3.8~5.3	g/dl
総ビリルビン	11		0.20~1.10	mg/dl
直接ビリルビン	11		0.00~0.40	mg/dl
間接ビリルビン			0.20~0.70	mg/dl
GOT/AST	47	20	10~40	U/l
GPT/ALT	47	10	5~45	U/l
ALP (IFCC法)	41	52	38~113	U/l
LD (IFCC法)	41	211	124~222	U/l
γ-GTP	41	14	M:0~75 F:0~35	U/l
コリンエステラーゼ	11		M:234~494 F:200~452	U/l
LAP	11		30~70	U/l
CPK	41	75	M:60~230 F:50~190	U/l
アミラーゼ	11		37~125	U/l
総コレステロール	47	223	120~219	mg/dl
HDLコレステロール	47	56	M:40~86 F:40~96	mg/dl
LDLコレステロール	18	134	70~139	mg/dl
中性脂肪	41	81	35~149	mg/dl
尿酸	11		M:3.4~7.0 F:2.4~7.0	mg/dl
尿素窒素	41	16.1	8.0~23.0	mg/dl
クレアチニン	41	0.86	M:0.61~1.08 F:0.45~0.82	mg/dl
Na	*11	140	134~147	mEq/l
Cl	*	103	98~108	mEq/l
K	41	4.1	3.4~5.0	mEq/l
Ca	41	8.8	8.4~10.4	mg/dl
IP	17		成人2.5~4.5 小児4.5~6.5	mg/dl
Fe	11		M:54~200 F:48~154	μg/dl
TIBC-比色	11		M:253~365 F:246~410	μg/dl
UIBC-比色	11		M:104~259 F:108~325	μg/dl
血糖	41	87	70~109	mg/dl
HbA1c (NGSP)	49	5.6	4.6~6.2	%
CRP 定性 定量	16 15		(−) 0.20以下	mg/dl
RF (RAT) 定性 定量	30		(−) 15以下	IU/ml
ASO	15		210以下	IU/ml
Mg	*	2.5	1.6~2.6	
Al		2.4		

D82195　報告日　5年　5月　8日　実施料　155点
SMS 昭和メディカルサイエンス　検査責任者

検査項目	点数	測定値		基準値	
白血球数	21	74		M:39~98 F:35~91	
赤血球数		405		M:427~570 F:376~500	
血色素量		10.6		M:13.5~17.6 F:11.3~15.2	g/dl
ヘマトクリット		34.7		M:39.8~51.8 F:33.4~44.9	%
MCV		85.7		M:82.7~101.6 F:79.0~100.0	fl
MCH		26.2		M:28.0~34.6 F:26.3~34.3	pg
MCHC		30.5		M:31.6~36.6 F:30.7~36.6	%
血小板数		20.3		M:13.1~36.2 F:13.0~36.9	
網赤血球数	12			4~19	‰
Neutro	15	47.8		42~73	%
Stab				0~6	%
Seg				36~73	%
Baso		0.5		0~2	%
Eosino		3.2		0~6	%
Lympho		41.4		18~59	%
Mono		7.1		0~8	%
A-LY		0.0			
大小不同 奇形		(−)	(−)	(−)	
多染性		(−)		(−)	
低色素性 EBL		(−)	(−)	(−)	
蛋白 定性 定量	7	(−)		(−) 随時尿	
糖 定性 定量	9	(−)		(−) 随時尿	
ウロビリノーゲン		(+−)		(±)	
ビリルビン		(−)		(−)	
比重		1.020		1.002~1.030	
反応(pH)		7.0		5.0~8.0	
ケトン体		(−)		(−)	
潜血反応		(−)		(−)	
赤血球		6-10/毎		全視野：全	
白血球		1-3/毎		数視野：数	
扁平上皮		0-1/数		毎視野：毎	

D82195　報告日　5年　5月　8日　実施料　36点
SMS 昭和メディカルサイエンス　検査責任者

圖②：血液檢查的結果，很多數值都在標準範圍內。

才能如此幸福，讓身心維持健康、精神充沛。

①透過工作感受到自己被需要。

②年紀越大越要出門與人互動。

③規律、嚴謹的生活，就算不用工作，我照樣六點半起床。

④每天都要製造小確幸。

⑤凡事從不先往壞處想。

那麼，接下來就依照這個順序，一一來說明。

2 透過工作感受到自己被需要

如同前面提到的，我十分喜歡現在的工作。

約六十一年前，我剛開始做這份工作時就非常開心，但我根本沒想到，居然能持續這麼久。

我分別在工作四十年、六十年的時候獲獎、受到表揚，還有人說：「這個獎就好像是為了堀野女士存在的一樣。」聽到這番話，我都有點不好意思、真是有些過獎了。

正因為有向我購買化妝品的客人，我才能持續工作到今天。

客人們過去只能透過和我一樣的銷售小姐，才買得到ＰＯＬＡ化妝品，但近年也能在百貨公司買到ＰＯＬＡ的商品，甚至可以在網路上購買。我的顧客較多年長者，雖然他們可能不會用網路購物，但其實也可以向其他銷售員購買。然而，他們卻選擇我，持續向我購買。對於他們，我只有滿滿的感謝。

每當有客人向我下訂單時，我都會發自內心的感激，同時也感受到自己仍受顧客需要。即使最後只剩下一位客人，我也會為了那位客人竭盡所能！我會持續保持這樣的心態。

3
年紀越大越要出門與人互動

接下來要談的，也與前一節有關，透過工作可以認識各式各樣的人，而且直到現在，我也依舊與不少人保持聯繫，這也成了一種鼓舞。

話說回來，就像我和公車上認識的人變成朋友一樣，我很喜歡跟人互動，人際關係帶給我很大幫助。透過與人往來，我聽到了自己沒辦法體驗的故事、讓我發現自己根本想不到的想法……和他人互相交流，就能讓自己的人生更精彩、豐富。

偶爾聽聽對方抱怨，我也會和對方分享，平常無法對他人說出口的事情。說到底，人與人之間必須互相扶持、才能生存下去，我想要珍惜每一天的所有緣分。

受到感謝，也感謝他人

說到互相扶持，那個小我十三歲的妹妹，住在日本關東地區，她時常會寄各式各樣的東西給我。

她為了讓高齡的我，能輕鬆、無負擔的補充營養，寄了很多加熱就能吃的調理包和餅乾甜點。她很頻繁的寄東西來，我之前也曾告訴她：「不需要這麼麻煩。」結果妹妹說：「因為我九歲時，媽媽就過世了，之後是姊姊把我帶大。姊姊就跟媽媽一樣，寄食物給妳這種小事，也是理所當然的。」聽到她這麼說，我打從心底開心，也有了新的想法：「妹妹和我，一直以來都是互相扶持。」

除此之外，我也經常覺得，孩子們一直在支持著我。他們總是關心超高齡的我，也常常帶孫子們來我家玩。就算見面了，也不是要討論什麼大事。明明他們年輕人，應該有很多其他想做的事，卻特地為了我花時間跑來，我真的打從心底開心。

我一直都不認為：「孩子們來看年長的父母，是天經地義的。」其實這十分難能可貴，我一直很感謝他們，但是因為害羞，從來沒對他們說出口。

年紀越大，就跟年輕時不一樣，沒辦法到處走走、認識各式各樣的人。因此，我反而越來越覺得，人與人之間的羈絆十分珍貴。如果心中常懷感謝，那麼不管到了幾歲，都能維持和重要的人之間的緣分，不是嗎？

4

就算不用工作，我照樣六點半起床

我的生活步調，這幾十年來都沒有什麼變化。

首先，我早上一定會在六點半起床。福島的冬天很冷，其實我也曾經想賴床：「好想再多睡一會兒。」但是，我一直以來都是以相同的步調生活。我都會想，要是再多睡一下，是不是晚上就睡不著了？

每次一想到這裡，就必須狠下心來，逼自己一鼓作氣的起床。

起床後，我會先洗手。至於為什麼不是洗臉、而是洗手，是因為不太記得從什麼時候開始，我曾習慣半夜醒來兩次去洗手。

那時我都會想，要是我用冷水洗手，是不是就很難再次入睡了？於是，我後來就再也不在半夜起床洗手了。

因此，起床以後做的第一件事就是洗手。接下來就是刷牙、漱口。

想必大家都不知道，晚上睡覺時，自己是怎麼呼吸的吧？如果是用嘴巴呼吸，或許會吸進一些東西，據說細菌也會在口中繁殖。為了清除口中所有的細菌，所以才要刷牙、漱口。

接下來我會洗臉、細心的保

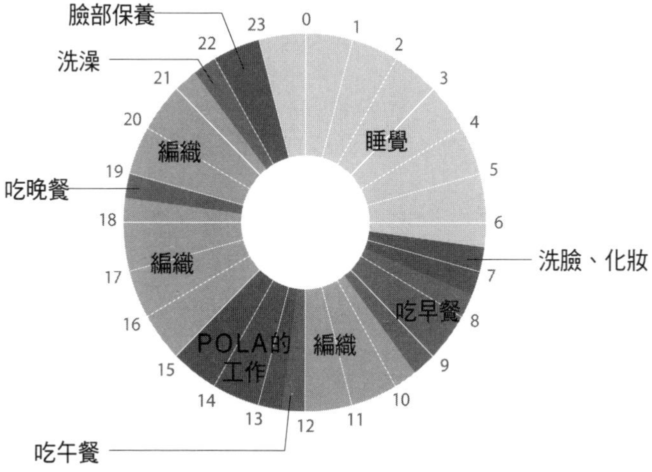

圖③：智子女士的日常生活（不出門的日子）很規律。

養肌膚。

每天一定會化妝，不曾間斷

前一頁的圖表，就是我不出門的日子、整天的行程。洗臉、化妝是在早上六點半到七點半之間，臉部保養是晚上十點到十一點。作為現職的ＰＯＬＡ銷售員，我會在早晚各花一個小時，確實、仔細的好好保養肌膚。

我早上一定會化妝。這和當天是否與人相約見面沒有關係，因為說不定還是有可能見到客人。我會擦上粉底、撲上定妝蜜粉，也會塗口紅。除了骨折住院的期間之外，一年三百六十五天從不偷懶。

5 三餐固定吃，白飯也固定分量

洗完臉、化完妝後，接下來就是吃早餐。

我通常會吃昨晚準備好、留下的剩菜。因為家人很多，所以即便後來只有自己一個人生活，偶爾還是會不小心煮太多。所以，如果前一晚的晚餐還有剩，我會在隔天早上和中午吃。

一天的三餐分別是在早上八點半左右、中午十二點、晚上六點半。有時候三餐會連續吃同樣的配菜，但我不在意。因為我經歷過戰爭期間、戰後沒有食物可吃的辛苦時代，所以只要有食物可吃，我就很感謝了。如果前一晚沒有剩菜，我就會吃妹妹寄來的鱈魚子或是芝麻小魚乾。

鱈魚子是冷凍寄送的，所以我會先解凍，再把它放在冰箱冷藏庫常備。還會把密封在塑膠袋裡的小魚乾，直接用熱水加熱來吃。

配菜主要是和式，搭配的主食是白飯。我本來就沒那麼喜歡吃麵包。白飯的量則是固定一五〇克，我甚至不用測量，盛在碗裡就大概能感覺分量。另外，味噌湯是必不可少的。由於女兒經常寄小松菜給我，味噌湯裡一般都會加小松菜。此外，我也經常會在味噌湯裡加蘿蔔或是蔥、還有豆腐。

有時候，也會簡單吃一些妹妹或女兒寄來的即食味噌湯。

三餐之間喝蔬菜汁和牛奶

醃漬小菜之中，我最喜歡的是醃黃蘿蔔，吃飯時一定會搭配。

就像這樣，我吃得很簡單，所以大約只要花五分鐘準備早餐和午餐。晚餐則是得花多一些時間，但是我也不會做太複雜的料理，所以不覺得有什麼負擔。

餐與餐之間，我會盡量喝蔬菜汁（青汁）、牛奶。另外，我也會加入POLA推出的「清潔酵素」一起飲用，這樣或許對身體還不錯。

吃完早餐後到午餐時間之前，我會編織一些東西。對我來說，編織是很大的樂趣。這部分容我之後提到第四個祕訣「每天都要製造小確幸」時，再詳細說明。

吃完午餐後，就是工作的時間。大部分的客人會在這個時段打電話給我，或是我主動聯繫顧客，這就是我的工作時刻。我會在筆記本記錄客人的訂單。要是客人希望我們寄商品，我也會在這時聯絡營業處的同仁處理。

我從年輕時就養成習慣，會按照時間軸排序每天要做的事。什麼時間做○○，完成後接著做△△，接下來做□□……像這樣，先在腦中想好步驟之後再執行。

若是按照預定時間完成，就在腦中擬好的待辦事項上打個圈，這樣就能一鼓作氣：「好！接下來做下一件事情！」

相較起來，現在比較常待在家裡，別人看起來或許會覺得「這些事，什麼時候都可以做吧」。但是對我而言，先決定行程，再按照行程依序完成十分重要。如此一來，心中就會湧現好勝心，每當結束一件該完成的事，便能感受到成就感。

為了愉快的度過每一天，行程管理不可或缺。

6 每天三十次的睡前伸展操

每天晚上九點過後，我才會去洗澡。

至於為什麼是這個時間，是因為在九點之前，客人都有可能會打電話來訂購。以我這個年紀來說，我算是夜貓子，所以晚一點洗澡也不覺得特別辛苦。

我設定浴缸每天晚上九點十五分自動放熱水，洗澡的時間大約十八分鐘，不會泡太久。

其實，在洗澡時，我會固定做一件事。我家現在的浴缸，是兒子出錢整修翻新的，浴缸裡有個位子可以坐，我通常會坐在上面，一邊泡澡、一邊稍微伸展一

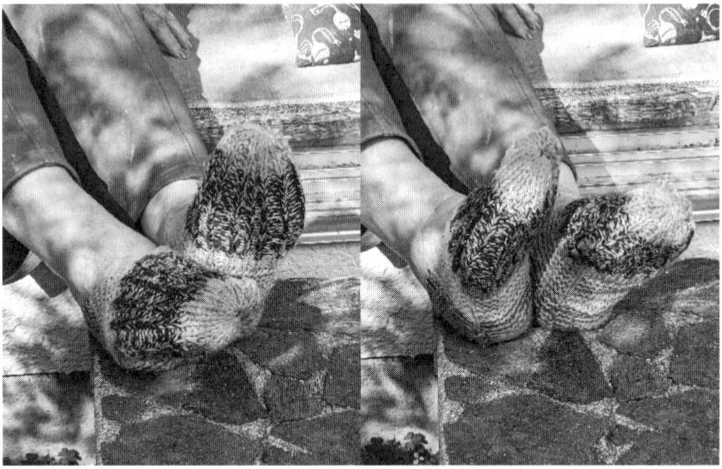

圖④：彎曲、伸展腳踝，來回三十次，放鬆腳踝部位。

圖⑤：伸展手臂、高舉過頭，轉動肩膀周圍肌肉約三十次。

下身體。

做簡單體操放鬆腳踝、肩膀

首先，彎曲、伸展腳踝約三十次。

我聽說上了年紀以後，腳踝很容易僵硬。要是路上有一點高低差，撞到以後就容易跌倒，於是我才開始伸展腳踝。只要稍微注意並活動一下，或許就比較不容易僵硬。

接著是放鬆肩膀周圍的部位。把手臂伸直、高舉過頭，盡量把雙臂靠近兩旁的耳朵。接著將雙手移開耳朵、再拉回耳朵附近，來回三十次。

7 天天看新聞，不跟社會脫節

洗完澡後，我會一邊保養，一邊看朝日電視臺的新聞節目《報導STATION》。因為我想知道社會上的動向。要是和客人聊天時，完全不知道現在發生什麼事，或是正在流行什麼，可就麻煩了。

二〇二三年三月，日本隊在世界棒球經典賽（WBC）獲得冠軍時，我非常感動。當我跟別人說：「我知道大谷翔平，也知道努特巴爾（Nootbaar）喔。」大家都會嚇一跳。

關於烏克蘭和巴勒斯坦的問題，我也會以我自己的方式去理解。

我不打算在這邊提到政治，也沒有什麼積極的發言，但是身為經歷過戰爭，了解戰爭會帶來什麼悲慘結果的人來說，我也不得不希望，他們能盡快解決問題，讓世界恢復和平的日子。

看新聞節目時，就是保養時間

晚上保養肌膚時，使用的保養品會比早上的更高級。

我會先在臉部塗上化妝水，為肌膚補充水分，接著取大約一顆珍珠大小的精華液塗在臉上，讓臉部保持濕潤。甚至另外會在皺紋的部位，塗上特別的精華液。

接下來是乳液。乳液能讓先前塗上的化妝水、精華液深度滲入肌膚，所以要用手溫柔的按壓，慢慢的、溫柔的伸展皮膚。

最後我會擦上乳霜，把所有成分鎖在肌膚裡，當《報導STATION》結束時，我剛好也保養完，接下來就可以睡覺了。

8

睡覺時在口鼻輕蓋紗布

以前，如果發生令我擔心的事，像是丈夫與病魔搏鬥等，我都會無法入睡，但是現在幾乎不會了。一進到棉被裡，自然而然就會睡著。

睡覺時，為了避免吸入冷空氣，我會拿四塊紗布疊在一起，輕蓋在口鼻的位置。我本來就很少感冒，但自從開始使用紗布，可以說幾乎沒有感冒的跡象。

我認為輕蓋紗布保護喉嚨，是很好的方法。雖然喉嚨是在身體裡，但是因為會接觸外部的空氣，很容易受到病毒和細菌的影響。

特別是紗布，似乎也有防止細菌的效果，而且不會像口罩那樣悶住口鼻、很不舒服，所以我很喜歡。

夜晚如廁也不會影響睡眠

我沒有辦法抵抗年歲漸長，不知道從什麼時候開始，半夜會起床上廁所。而且大部分時間都很固定，就是凌晨兩點和五點兩個時段。慶幸的是，即便半夜起床上廁所，之後依舊能馬上睡著。

早上六點半左右便會自然醒來，開始展開新的一天。

9

每天都要製造小確幸

只要能以自己喜歡的方式、快樂度過一整天，任誰都能變得幸福。因為人的一生，就是由每一天累積起來的。

我從以前就認為，所謂的幸福，不一定是發生什麼了不起的大事，即使是小小的事情，也沒有關係。之所以會這麼想，或許是因為我從以前開始，就擁有非常喜歡的愛好，那就是編織、看時代劇。

其實不限於編織衣物，我從小就喜歡做一些手工藝。我以前做過和裁（和服裁縫），也做過洋裁（西式裁縫）。

其中，喜歡編織的原因之一，是不用特別挑選地點，無論在哪裡都能輕鬆編織。而且，編織過的東西，還能解開、重新再編。當我一回神，才發現自己已經愛上編織了。我身上穿的針織類服飾，全都是自己親手製作的。

破洞的絲襪也能製成小手提包

編織的作品越積越多，身體卻只有一個，結果累積太多件針織衣服，也令我十分困擾。

所以每當有客人稱讚我：「堀野太太，妳身上穿的毛衣真好看！」我就會在下次和那位客人見面前，把她稱讚的毛衣洗好，見面當天就送給對方。過去也發生過很多類似的事。

就我而言，我喜歡的是編織，所以不會對完成品太執著、留戀。相反的，我反而會煩惱：「累積了那麼多成品，該怎麼辦？」

因此，要是身邊有人看起來很想要的話，我就會乾脆的贈送對方。

很多人都很驚訝：「我真的可以收下這麼貴重的東西嗎？」我會告訴她們：「沒關係、沒關係，妳收下來反而幫了我很大的忙。」好讓客人們安心收著。

總之，我什麼都想編織，在過去物資缺乏的年代，我還會拿勾線、不能穿的絲襪，編織成長條細帶狀。然後再用絲襪編織、製成小手提包，我先生特別喜歡使用，一直用到過世為止。

即使我跟他說：「這個包包已經很老舊，別再一直用了。要不要買新的？」他仍堅持：「這個就好！」依舊不肯換新的。現在那個手提包還在我手邊。

10

幫助他人是我至今最大的快樂

自從二〇二〇年，發生了百年一度的大規模流行性傳染病——新冠肺炎疫情後，我便減少外出、也大幅增加編織的時間。

從那時開始，我就用毛線編織襪套。

雖然只是用兩條細長的毛線編成的，但穿過的人都說：「襪套套在襪子上以後，讓雙腳更暖和，很舒服。」這讓我很開心，即使不一定要送人，我也會持續編織下去。

我一共做了好幾十雙，所以只要有人來我家，我就會告訴他們：「拿幾雙喜歡的帶回家吧。」

當中也有越來越多的人跟我說：「我想要送給朋友，可以多拿幾雙嗎？」我也十分感謝他們。

我可以一邊快樂的編織、一邊幫助他人，再也沒有比這更好的事了。

圖⑥：手工的毛線編織襪套，客人們也很喜歡。

最喜歡的是，有男子氣概的時代劇演員

與多多少少能幫助別人的編織相反，我的另一個興趣是看時代劇，這完全是自我滿足。

特別是我最喜歡的演員村上弘明主演的時代劇，更是我最喜歡、最愛看的。順帶一提，村上弘明主演的時代劇《編笠十兵衛》的原著作者，就是知名的時代小說家池波正太郎，他以《鬼平犯科帳》、《劍客生涯》、《殺手藤枝梅安》等著作而聞名。他已經在三十多年前離世了（按：一九九〇年逝世），但其實他跟我一樣，是在一九二三年（大正十二年）出生。

我會喜歡時代劇，或許是因為我的祖先出生於武士家族，進而加深了我對時代劇的興趣。

忘記是什麼時候的事了，有一次我在祖先的家裡，找出了一把古老的武士刀。

我當下心想：「感覺這把刀或許很值錢？」然而當時還在世的先生卻說：「個人不能持有這種東西，得交給警察才行。」於是只好乖乖的把刀交給警察。

時代劇結局乾淨俐落，很爽快

要是一直持有武士刀的話，會以違反日本《銃砲刀劍類所持等取締法》究責，所以不得不交給警察。不過，我想其實只要向政府申報後，要拿去賣掉還是另作他用，總有其他的解決方法，但是頑固的先生似乎沒有想到這一點。

我的先生雖然是嬌生慣養的少爺，但是他最討厭扭曲、不對的事，是個擁有正義感的男人。

那把武士刀非常重，我想要把它拔出來，卻一動也不動。然而交給警察時，他把手放在刀柄上，卻能輕而易舉的拔刀，真是嚇了我一跳。

時代劇裡，勸善黜惡的劇情非常清楚明白。

或許有些人會覺得時代劇的劇情都很老套、很無聊，但我反而覺得，正是因為劇情老套，我才會喜歡。結局乾淨俐落，不是很爽快？順帶一提，因為現在看時代劇的人變少了，所以無線電視幾乎沒有播放。我則是訂閱「SKY PerfecTV !」的「時代劇專門頻道」，每天都看得很開心。

11

凡事從不先往壞處想

我天生個性樂觀，不太會往壞處想事情。我猜，這或許就是我保持健康長壽最主要祕訣。

俗話說「病由心生」，人們要是一味的消極思考，要多悲觀都有可能。以我來說，除了丈夫以外，大部分交情很好的人，像是朋友和客人、附近鄰居等，都離開這世上了。

那麼，我是要因此覺得只剩自己一個人在世上，十分孤單？還是認為可以盡情享受一個人的時間？我絕對是屬於後者。因為有了自己的時間後，就可以隨我的心情，盡情的編織了！

也有人覺得，衰老很悲傷，但我覺得也不全然是這樣。的確，會有越來越多事做不到了。我也不再像年輕時那樣，充滿活力的在外頭跑業務。但是，能做到的事還是非常多，包括像是能一個人生活。當我和客人聊天，對方也會說：「能和堀野太太閒聊，真是開心。」

與其計算失去了多少東西，還不如數數現在擁有的。今後，我也想持續這樣的生活方式。

12

幸福的定義由自己創造

人生之中，有各式各樣的日子。至今以來，雖然我每天都很樂觀、對任何事情都毫不在意，但也不是總能開朗大笑。發生悲傷的事時，我會刻意告訴自己，專注在「今天只要安穩度過一整天就好」。無論是昨天還是明天的事，通通別去想。

若是覺得當下很難受，「怎麼可能安穩度過一整天……」，那麼只要轉念「這一瞬間的風平浪靜」就可以了。

不論是處在多麼嚴峻的狀況下，一天中總會有可以喘口氣的瞬間。

例如說，當挨餓時，只要吃到飯就能安心；喝茶、喘口氣時、或是泡熱水澡、讓身體放鬆時。雖然這樣比喻有點粗俗，但像是在憋尿後，終於順利在廁所排解時，不就會覺得大大鬆了一口氣嗎？

無論任何事，都想著「啊！真是太好了！」

只要你能察覺到這些微小的「放鬆瞬間」，我覺得人生就會大不相同。

我無論面對任何事情，都會覺得：「真是太好了。」像是能吃到好吃的飯，真是太好了；能舒服的泡澡，真是太好了；今天也平安的度過了一整天，真是太好了……類似這樣。

就我而言，因為已屆高齡，所以能夠做與昨天一樣的活動、可以理所當然的完成普通的動作，非常重要。

不斷累積平安無事的每一天

只不過，或許這句話也可以對每一個世代的人說，這是因為沒人能保證，今天發生的事，明天也能做到。

仔細一想，我從年輕時就是樂天派，會想著：「今天也能順利的度過，真是太好了！」或許是因為我覺得母親四十五歲、還那麼年輕就離世，留下最小的妹妹實在太可憐而受到的影響。所以才會深深覺得，沒有發生什麼重大的波折，平順的度過一天才是最棒的。

這樣不也很好嗎？反正還有工作、今天也平安的度過了……就像這樣不斷累積知足的心態，一直走到今天。

我認為，自己的幸福，會隨著自身的想法和感受，而有各種不同的樣貌。

結語
幫助人變美，是我一生志業

我的個性是既然開始做一件事，就會貫徹到底。

（對我而言）我和先生順其自然的結婚，也做過根本不喜歡的壽險推銷。這些都不是渴望得不得了、才去做的事，但是我從來不曾後悔。即使是他人建議我做的事也好、順其自然也好，還有不喜歡的工作也好，我從不怪罪他人，也認為這些事最終都是自己心甘情願，才會去做的。

不多想昨天和明天的事，只要想著今天平安度過一天就好，並接受進入生命中的一切，接納之後，再順勢而為。

我就是這樣活到今天，不知不覺中已經活到了一〇二歲。

即便是這樣的我，也有一件事是出於自己的意願，緊緊掌握、不肯放手的，那就是ＰＯＬＡ化妝品銷售員的工作。

日本在戰後，奇蹟似的達到經濟復興的時期，當我與ＰＯＬＡ化妝品相遇，就深深為它著迷。而且，我認為這與我生長的時代有關。

我出生在所謂「大正民主」的和平時代，在一九三一年、我八歲時，發生了滿洲事變，成為亞洲、太平洋戰爭（按：二次世界大戰中與日本相關的戰爭）的開端，日本從此進入黑暗時代。

一九四五年，二次世界大戰結束，當時我二十二歲。缺乏食物的生活在戰後依舊持續，就如同我在書中說明的。

在此，我想介紹一位詩人茨木則子，雖然她已經過世了，但是她出生於一九二六年，和我是同世代的人。她有一首很有名的詩《當我最美麗的時候》。

當我最美麗的時候，
城鎮轟隆轟隆的崩塌，
從意想不到的地方，

看到了藍天白雲。

當我最美麗的時候，
周遭許多人都走向死亡，
在工廠、在海上、在無名島上，
我失去了妝點青春的機會。

當我最美麗的時候，
沒有人溫柔的送禮給我，
男人們只知道舉手敬禮，
只留下清澈的目光，便一一出發了。

當我最美麗的時候，
我的腦袋一片空白，

我的心變得冷若冰霜，
僅有手腳都呈暗紅色，黝黑發光，

當我最美麗的時候，
我的國家在戰爭中失敗，
還有什麼比這更愚蠢的，
我挽起襯衫的袖子，走在屈辱的街頭上。

當我最美麗的時候，
收音機瀰漫著爵士樂，
就像是戒菸失敗時一樣頭昏目眩，
我沉浸在異國美麗的音樂。

當我最美麗的時候，

我十分不幸，
我自相矛盾，
我無比空虛，

所以我決定了，要盡可能的長命百歲，
就像年邁畫出美麗佳作的，
法國盧奧老爺爺（Georges Rouault）一樣，
對吧。

（引用自東京書籍《新國語2》）

這首詩，傳遞了一位少女在最青春、美麗的時候，遇上了戰爭的悲傷故事，無論哪個世代的人，想必都會深受感動。特別是對同世代的我來說，這首詩更深深打動了我的心。

現在的人應該很難想像，在那個生死存亡關頭的時代，能不能確保當天的食物，是生存最重要的課題。然而這樣的時代真實存在，也根本沒有機會化妝打扮。

就如同茨木則子寫的詩一樣，當我最美麗時，周遭連一個漂亮的事物都沒有。所以，我第一次拿到POLA化妝品的時候，內心受到強烈的衝擊：「為什麼有這麼漂亮的盒子？」、「品質怎麼這麼好！」

肌膚可以輕易吸收保養品的精華，就像吸取營養一般。日本居然能製造出讓人變漂亮的東西，而且還買得起，真是非常令人驚訝。

對於了解戰爭時「茶色時代」（按：出自中原中也的詩，原詞是「茶色戰爭」）的我來說，簡直就像是來到了夢中世界。

女性想要變得更漂亮，可以保養肌膚的時代終於來臨了。這是在B29轟炸機隨意扔下燃燒彈、在空襲中瑟瑟發抖時，無論如何也想像不到的。我打從心底認為：「時代變得多美好！」、「自己能生活在這種年代，真是太幸福了！」

從那之後，POLA化妝品對我來說，就成為了幸福的象徵，我也深深期盼能透過工作，盡可能將這份幸福傳遞給更多的女性。之後，我實現了這個夢想，以銷售員的身分，將「變美麗的喜悅」分享給更多女性。就這樣，我下定決心，要把

POLA銷售員當成是一生的志業。

對我來說，每位客人的笑容就是我的寶物，其中令我印象最深刻的，是第一位跟我購買化妝品的女性。

她和我同學年，也是我的表妹，她的五官端正，可惜肌膚上有很多雀斑，這似乎令她很自卑。然而，當她開始使用我推薦的化妝品後，雀斑慢慢變淡，甚至變得十分不明顯，只要簡單化上淡妝，就幾乎看不見了。

她非常開心，每次跟我見面時都會提到：「多虧智子姊，我的雀斑才能消失。我真的很開心！」

對一個人來說，最開心的不就莫過於，讓其他人感到喜悅，不是嗎？

我當銷售員已經過了六十一年了，親耳聽過數不清的人發自內心喜悅的聲音。一想到聽過那麼多人開心使用保養品後的欣喜，內心就充滿了無限的感激。

祝福各位的人生，也能讓自己以外的人更開心，沿途充滿了許多喜悅。

後記
讀者最想問我的事

Q1

關於轉換職涯，或是重新再出發的建議。

A1

對於自己的經歷，我認為沒有什麼轉職或是再就業，所以我也不太清楚是否能作為建議供你參考。可是如果你從以前就有很想嘗試的工作，當這個工作機會到來時，請不要想太多，勇敢嘗試看看，如何？

我認為比起不做才來後悔，不如直接嘗試才是最重要的。試過後發現其實自己不適合的話，再去嘗試下一個就好了。

話說回來，在親身投入之前，本來就不會知道是否適合自己。若是不去試，只會鬱悶的覺得：「那個時候如果去做的話，就好了……。」

至於再就業，我認為不論幾歲都可以辦得到。重點是不要以年齡或立場當作理由，擅自認為自己做不到。人生無論過了多久都可以重新來過。因為人生就這麼一次，不妨自由的塑造、規畫你的人生。

Q2

如何面對職場壓力，或人際關係的問題？

A2

會問這個題目，想必你一定是內心纖細又溫柔的人，所以才會在意職場氣氛或是人際關係。

我知道，要對這麼細膩又溫柔的你說以下這番話，或許很殘酷。但是從結論來說，對於其他人，無論你多麼希望他們怎麼做，職場氣氛也不會馬上改變；或是對你嚴厲的人，或許也不會因此變得溫柔。因為不論是誰，都沒有辦法改變他人。

就連家人也是一樣。自己的配偶和小孩，也不會按照你的想法去行動。

更何況職場裡的同事，或是沒有血緣關係的他人。

沒有辦法改變其他人，那該怎麼辦？我認為只能改變自己。雖然沒有辦法改變他人，但是可以改變自己的想法和感受方式。不如乾脆想開「這只是個工作的場所」，才是最好的。職場上令人討厭的氛圍、對你嚴厲的同事也是，都不會闖入你的私生活。

要是令人討厭的氛圍影響了你，那麼請試著把腦袋放空，去找尋能讓你開心的事。

Q3 維持健康的生活習慣的祕訣？

A3

我活到這個年紀，從來沒有生過什麼大病。之所以能這麼有精神，我認為與正常、規律的生活有很大的關係。

我早上六點半起床、晚上十一點睡覺，也會在固定的時間吃飯，這是我長年以來的習慣，身體也已經適應這個節奏，所以我也很小心、不去打亂規律。

精神方面能保持健康，是因為我不會煩惱過去或未來的事。人要是一直往負面的方向思考，就會沒完沒了。而且，我們無法改變過去，也無法預測未來。要是把時間花在無法改變、無法預測的事，只是在浪費生命。

正因為我總是認為：「啊！為什麼每天都這麼快樂！」日積月累之下，就活到了一〇二歲了。

Q4 您退休後有什麼興趣及活動，讓生活更充實？

A4

比起了解他人的答案，請你先試著問問自己。

你最喜歡的事情是什麼？一直以來很想嘗試，卻總是沒機會，無法實現的事情又是什麼？

如果退休後、時間變得充裕，就盡情的嘗試想做的事。說不定試了以後，反而沒有想像中那麼令人興奮。這樣的話，也可以早點看開，嘗試下一個想做的事。

別人看到這樣的你，或許會認為：「真是容易改變心意！」、「這麼快就放棄了？」但是，不用在意他人的看法。因為你的人生是專屬於你的，要過什麼樣的生活方式，都是你的自由，不是嗎？

挑戰一直很想嘗試、但沒有機會做的事，也是退休後才有的樂趣。或許需要一點點勇氣，但是只要踏出第一步，就能活出自己的人生。世界反而會意想不到的擴展開來。

Q5 即使年齡增長，還能享受戀愛或伴侶生活的祕訣是什麼？

A5

老實說，我跟丈夫是順其自然發展到結婚，所以我沒有什麼戀愛經驗，沒辦法提供關於戀愛的建議。

但如果是以長期伴侶關係的觀點，我要說的只有：「不要過度期待對方。」這樣就夠了。別再因為對方是戀人、結婚對象，就覺得「為我做……是理所當然的」，相信妳會非常輕鬆。

抱著期待，不會覺得痛苦嗎？甚至當對方背叛你的期待時，你一定很受傷，對吧？就如前面提到的，我結婚的對象是「十分嬌生慣養的少爺」。

我打從一開始就知道這件事，並跟他結婚。他沒有給家裡足夠的錢，後來又要我辭掉營業處處長的工作，以現在來說，他做了很多令人傻眼的事情。但是對我來說，他造成的打擊不大。

不過度期待對方，如此一來，對方一點小小的溫柔舉動和言詞，也能讓你開心。這不只限於伴侶關係，或許也適用於所有人際關係。

Q6 我和孩子們相處的時間很少，請問您怎麼克服這種困境？

A6

現在的社會更為複雜，我想跟我育兒的時候相比，難處也不同。我知道其中存在差異，若是以我的想法來說，其實孩子比大人們想像中，更會觀察「父母的背影」，並以此為鑑，長大成人。所以，不用太過於疼愛孩子們，也沒有關係。

我在帶孩子時，職業婦女的人數比現在還少很多，正因如此，那個時候也曾被人說：「孩子們好可憐。」但是因為我強烈的覺得，我是為了生活而工作，今後也會繼續工作，所以他人的流言蜚語，絲毫不會動搖我的心。

不過，當我一不小心工作得太晚，來不及準備晚餐時，便擔心孩子們是否會餓肚子？這種時候，我會打電話給經常叫外賣的餐飲店，請他們送食物給孩子們。

後來聽孩子們說，外賣的餐點比我平時煮的菜還要豪華，所以他們其實都很期待能吃外賣。

Q7

和家人、朋友相處不順利，怎麼辦？

A7

對你來說，跟親近的人無法融洽相處，是指什麼樣的狀況？

如果是對你不溫柔、不會向你道謝等類似的事，我認為有兩個原因。

第一個是，你太過期待對方了。人們既不會照自己期望的行動，也不一定會說出你想聽的話。首先，試著思考一下，自己是不是對他人抱持過度的期待？

第二個是，因為你的用字遣詞不恰當，惹得對方心情不好。當對象是親密的家人或朋友時，難免會因為鬆懈，而容易向對方說出「多餘的一句話」。

俗話說「親不越禮、保持分寸」。如果對方是家人，不妨直接問：「我說了什麼不對的話嗎？」若是朋友的話，我會先觀察，等到對方看起來心情變好，還是能和平常一樣順利相處的話，那就沒問題。但是，別忘了自我反省：「我是否向對方說了不恰當的話。」

假設對方一直對你愛理不理的話，我覺得也不用勉強，認為彼此的關係到此為止也無妨。有緣的人，關係就能持續；沒有緣分的人，總會在某個時間點切斷聯繫。不需要對討厭你的人緊追不捨。

Q8 不論男女老少，加深交流與溝通的方法是？

A8

好像很多人都很煩惱，不知道如何和沒有交集的人打交道。

但其實不分男女老少，所有人都喜歡聊自己喜歡的事物。從對方似乎有興趣的話題開始聊起，溝通一定會很順暢。

這不是因為我是年長者才這麼說，其實與高齡長輩聊天，一點也不困難。年長者很喜歡聊以前的故事，所以請多聽他們說年輕時的事蹟。

也有很多人不太想跟其他人有過多互動，對於這種人，就靜靜的自然相處就好。若對方看起來多少還能互動，這時我會問對方自己不知道的事，像是「現在年輕人之間，都在做什麼？」作為話題的開端。

或者對方看起來似乎很熟悉資訊科技，就問他關於智慧型手機有趣的使用方法，或聽對方聊一些他的興趣也可以。

Q9

怎麼管理退休後的年金或儲蓄？

關於退休後的年金，我想現在應該還不知道未來會怎麼發展吧？擔心起來只會沒完沒了。

所以比起退休年金，還是把目光放在現在比較好。請問你現在每個月，支出能夠低於收入嗎？還有，每個月能存下一定金額的儲蓄嗎？

A9

對於未來的財務感到不安的人當中，肯定有不少人沒有做好當下的金錢管理。說起來可能有點嚴厲，但是我認為，在工作時期沒做好金錢管理的人，等到退休後、收入減少時，便很有可能陷入經濟危機。

首先，從現在、此時此刻開始，回頭檢視自己的金錢管理狀況。要是每個月都是赤字，完全存不到錢的話，那就記錄一個月之內的支出以及收入狀況。

若是已經好好存錢，但還是對未來感到焦慮的話，那麼請試著衡量，從每個月的獎金多分一些額度放進存款帳戶裡。

Q10 如何消除老後的生活費及醫療費的不安？

A10

這題與上一題有關，擔心未來的收入只會沒完沒了，所以最好的解決方式，是抱持覺悟，一生持續工作。

雖然有些自私，但我自己也是這樣打算，一路工作至今。為了能一直持續工作，我也會隨時注意身心健康。

我這個世代，可以靠自己的老年年金和我先生的遺屬年金來生活。就現在的年輕人來看，我們這個世代可說是最大的受惠者。

但是對我而言，除了年金以外，還要有收入，才會比較安心。若是不想繼續工作的話，也要有方法能代替自己生錢（投資等）。

國家圖書館出版品預行編目（CIP）資料

還在工作的樂趣——我 102 歲：凡事不比較、守口如瓶、製造小確幸，讓自己永遠被需要！我做了 61 年業務，在困境中也能發現幸福。／堀野智子著；蔡惠佳譯 . -- 初版 . -- 臺北市：大是文化有限公司，2025.08
224 面；14.8 × 21 公分 . --（Style；105）
ISBN 978-626-7648-98-8（平裝）

1. CST：生活指導　2. CST：工作心理學
3. CST：職場成功法

177.2　　114007848

Style 105

還在工作的樂趣——我 102 歲

凡事不比較、守口如瓶、製造小確幸，讓自己永遠被需要！我做了 61 年業務，在困境中也能發現幸福。

作　　者／堀野智子
內文插圖／鳴田小夜子
譯　　者／蔡惠佳
校對編輯／陳語曦
副 主 編／劉宗德
副總編輯／顏惠君
總 編 輯／吳依瑋
發 行 人／徐仲秋
會計部｜主辦會計／許鳳雪、助理／李秀娟
版權部｜經理／郝麗珍
行銷業務部｜業務經理／留婉茹、專員／馬絮盈、助理／連玉
行銷企劃／黃于晴、美術設計／林祐豐
行銷、業務與網路書店總監／林裕安
總經理／陳絜吾

出 版 者／大是文化有限公司
臺北市 100 衡陽路 7 號 8 樓
編輯部電話：（02）23757911
購書相關諮詢請洽：（02）23757911 分機 122
24 小時讀者服務傳真：（02）23756999
讀者服務 E-mail：dscsms28@gmail.com
郵政劃撥帳號：19983366　　戶名：大是文化有限公司

香港發行／豐達出版發行有限公司　Rich Publishing & Distribution Ltd
香港柴灣永泰道 70 號柴灣工業城第 2 期 1805 室
Unit 1805, Ph.2, Chai Wan Ind City, 70 Wing Tai Rd, Chai Wan, Hong Kong
Tel：2172-6513　Fax：2172-4355　E-mail：cary@subseasy.com.hk

封面設計／林雯瑛
內頁排版／陳相蓉
印　　刷／鴻霖印刷傳媒股份有限公司
出版日期／ 2025 年 8 月初版
定　　價／ 420 元（缺頁或裝訂錯誤的書，請寄回更換）
I S B N ／ 9786267648988
電子書 I S B N ／ 9786267648971（PDF）
9786267648964（EPUB）
Printed in Taiwan